独占禁止法 グリーン ガイドライン

公正取引委員会事務総局経済取引局調整課

鈴木健太 編著

五十嵐收
磯野美奈 著

商事法務

●はしがき

「温室効果ガス削減のために競業他社と協力したいが、独占禁止法に違反することにならないかが気になる。」

「カーボンニュートラルに向けた取組を進めたいが、独占禁止法に違反してしまうリスクをどのように判断すればよいか困っている。」

こうした事業者や事業者団体、また、それらをサポートする弁護士等に向けて、独占禁止法と温室効果ガス削減に向けた活動の関係についての考え方を示したものが、令和5年3月に公正取引委員会が策定したグリーンガイドライン（「グリーン社会の実現に向けた事業者等の活動に関する独占禁止法上の考え方」）である。本書は、このグリーンガイドラインの策定作業に携わった担当者が、その内容について解説するとともに、策定の背景や令和6年4月の改定内容や経緯等について紹介するものである。

温室効果ガス削減のための取組のような、環境保護に向けた活動と独占禁止法の関係についての議論の歴史は浅くはない。平成5年4月の「共同研究開発に関する独占禁止法上の指針」や平成7年10月の「事業者団体の活動に関する独占禁止法上の指針」において既に環境対策を目的とする行為と独占禁止法の関係についての考え方が示されているほか、平成13年6月には「リサイクル等に係る共同の取組に関する独占禁止法上の指針」が策定されている。また、これらの考え方に沿って、事業者や事業者団体から具体的な取組についての相談対応が行われ、その結果は相談事例集等で公表されてきている。

しかしながら、近年、世界各地で大規模な洪水や山火事、記録的な猛暑や豪雨等の気象災害が発生し、経済的な損失のみならず、多くの人命が失われており、気候変動問題への対応が人類全体にとって最も重要な課題の一つとなっている。こうした状況への対応として、従来の取組を超えた新たな取組として策定されたものがグリーンガイドラインである。

グリーンガイドラインは、公正取引委員会による独占禁止法と環境問題に関する取組の新たなスタートを象徴するものであり、事業者等の取組を後押しすることを目的として策定されたものである。また、公正取引委員会は、

グリーンガイドライン公表後も事業者等からの相談対応やグリーンガイドラインの見直しといった対応を継続しており、前述のように策定の約1年後となる令和6年4月には最初の改定を行った。事業者等が温室効果ガス削減のための取組を検討していく上では、こうした動きを参考にすることが有益であると考えられる。本書により読者の独占禁止法やグリーンガイドラインについての理解が深まり、温室効果ガス削減に向けた取組の積極的な検討につながることを期待したい。

　なお、本書における各執筆者の執筆内容については、執筆者それぞれの個人的な責任によるものであることをお断りしておく。

　最後に、本書の刊行に当たっては、株式会社商事法務の辻有里香氏、中崎祥子氏に多大なご尽力をいただいた。ここに記して深く御礼申し上げる。

　令和6年6月

執筆者一同

独占禁止法 グリーンガイドライン
Contents

column

●凡例

独占禁止法	私的独占の禁止及び公正取引の確保に関する法律（昭和 22 年法律第 54 号）
グリーンガイドライン	グリーン社会の実現に向けた事業者等の活動に関する独占禁止法上の考え方（令和 5 年 3 月 31 日公正取引委員会）
令和 6 年改定	グリーンガイドラインの改定（令和 6 年 4 月 24 日公正取引委員会）
事業者団体ガイドライン	事業者団体の活動に関する独占禁止法上の指針（平成 7 年 10 月 30 日公正取引委員会）
流通・取引慣行ガイドライン	流通・取引慣行に関する独占禁止法上の指針（平成 3 年 7 月 11 日公正取引委員会）
優越的地位の濫用ガイドライン	優越的地位の濫用に関する独占禁止法上の考え方（平成 22 年 11 月 30 日公正取引委員会）
企業結合ガイドライン	企業結合審査に関する独占禁止法の運用指針（平成 16 年 5 月 31 日公正取引委員会）
データ検討会報告書	データと競争政策に関する検討報告書（平成 29 年 6 月 6 日公正取引委員会競争政策研究センター）

●執筆者紹介（肩書きは 2024 年 6 月 1 日現在）

［編著者］
鈴木　健太（すずき・けんた）
　　公正取引委員会事務総局経済取引局調整課企画官
　　執筆担当：はじめに、第 1 の 1 及び 2、第 4

［執筆者］
五十嵐　收（いがらし・おさむ）
　　公正取引委員会事務総局経済取引局調整課課長補佐
　　執筆担当：第 1 の 3、第 2

磯野　美奈（いその・みな）
　　公正取引委員会事務総局経済取引局調整課係長
　　執筆担当：第 3、第 5

はじめに

1　グリーンガイドライン策定の背景及び趣旨

　公正取引委員会は、令和5年3月31日、「グリーン社会の実現に向けた事業者等の活動に関する独占禁止法上の考え方」（以下「グリーンガイドライン」という。）を策定し、公表した。その背景としては、地球温暖化等の気候変動問題の深刻化がある。

　気候変動問題に対して、我が国では、地球温暖化対策の推進に関する法律（平成10年法律第117号。以下「温暖化対策推進法」という。）第2条の2において2050年までの脱炭素社会の実現を掲げるとともに、2021年10月、「地球温暖化対策計画」が閣議決定され、2050年のカーボンニュートラル[1]実現という目標と整合的で野心的な目標として、2030年度に温室効果ガスを2013年度から46%削減することを目指し、さらに、50%の高みに向けて挑戦を続けていくこととされた。これらの削減目標を達成するためには、環境負荷の低減と経済成長の両立する社会、すなわち「グリーン社会」を実現する必要がある。グリーン社会の実現は、国民並びに国、地方公共団体、事業者及び民間の団体等の密接な連携の下に行われる必要があり、それぞれが一定の責務を負うことになる。この責務については、温暖化対策推進法第3条から第8条に明示的な規定が置かれている。特に、第6条には、国民の責務として、「国民は、その日常生活に関し、温室効果ガスの排出の量の削減等のための措置を講ずるように努めるとともに、国及び地方公共団体が実施する温室効果ガスの排出の量の削減等のための施策に協力しなければなら

---

1)　「人の活動に伴って発生する温室効果ガスの排出量と吸収作用の保全及び強化により吸収される温室効果ガスの吸収量との間の均衡が保たれ」ることをいう（温暖化対策推進法第2条の2）。

ない。」との規定が置かれている。当該規定は、多くの場面で需要者となる国民について、一般的に、温室効果ガス排出量の削減に資する行動を採ることが求められていることを示すものであり、温室効果ガス削減を品質の向上と捉えるグリーンガイドラインの基本的考え方を支えるものとしての重要性を持つものであると考えられる。

　グリーン社会の実現に向けた政策として中心的な役割を担うのは、規制や補助金等によって直接的に対応する環境政策等である。一方、独占禁止法及び競争政策についても、事業者間の競争を促進して資源の効率的な利用を促し、新たな技術等のイノベーションを引き起こす観点から、グリーン社会の実現に間接的に貢献するもの、すなわち、環境政策等を補完する役割を担うものといえる。そのため、公正取引委員会が独占禁止法違反行為に対して厳正に対応していくことは、グリーン社会の実現に資するものであるといえる。また、環境政策等の立案に当たっては、事業者の自由で自主的な判断による経済活動を妨げたり、事業者間の公正かつ自由な競争を阻害したりするおそれはないかという競争政策を踏まえた観点からも検討されることが望ましいといえる。

　他方、独占禁止法に関して別の側面の課題も存在する。事業者及び事業者団体（以下「事業者等」という。）の脱炭素に向けた取組に関する独占禁止法上の考え方が十分明確でない場合、グリーン社会の実現に向けて事業者等が様々な取組を模索する中で、自らの取組が独占禁止法上問題となるのではないかという懸念を生じさせる可能性がある。この点について、公正取引委員会は、長年にわたり、「リサイクル等に係る共同の取組に関する独占禁止法上の指針」（平成13年6月26日。以下「リサイクルガイドライン」という。）等の各種指針や相談事例の公表を通じて、環境問題対応等の社会公共目的のために実施される事業者等の行為に関して独占禁止法上の考え方を示し、独占禁止法の適用及び執行に係る透明性及び事業者等の予見可能性を確保してきた（**column**「参考となる各種ガイドラインや相談事例とグリーン特設ページ」参照）。しかしながら、今後一層グリーン社会の実現に向けた事業者等の取組が活発化・具体化すると考えられるところ、競争政策の観点からも、これまで以上に事業者等の取組を促進することが求められている。

　こうした状況において、公正取引委員会は、新たな技術等のイノベーショ

ンを失わせる競争制限的な行為を未然に防止するとともに、事業者等の取組に対する法適用及び執行に係る透明性及び事業者等の予見可能性を一層向上させることで、事業者等のグリーン社会の実現に向けた取組を後押しすることを目的として、グリーンガイドラインを策定した。

　グリーンガイドラインの策定に至る経緯として、公正取引委員会では、令和4年3月25日に競争政策研究センター第20回国際シンポジウム「グリーン成長と競争政策」[2]が開催され、欧州における取組状況等についての聴取等が行われた。また、同年10月20日以降、「グリーン社会の実現に向けた事業者等の活動に関するガイドライン検討会」[3]が開催され、有識者の知見に基づくガイドラインの策定に向けた検討が実施された。その後、これらの検討等を踏まえ、令和5年1月13日にグリーンガイドライン原案が公表されるとともに、同年2月13日を期限として、当該原案に対する意見公募手続が実施された。その結果、29件の意見が提出され、公正取引委員会は、提出された意見等を踏まえて検討した結果、原案を一部変更した上で、同年3月31日にグリーンガイドライン成案を策定し、公表した。

---

column　**参考となる各種ガイドラインや相談事例とグリーン特設ページ**

　リサイクルガイドライン以外にも事業者等のグリーン社会の実現に向けた取組に関連する既存のガイドラインは多い。例えば以下のようなものがある。これらについては、公正取引委員会のウェブサイト内に「グリーン社会の実現に向けた公正取引委員会の取組」の特設ページ（https://www.jftc.go.jp/dk/greentorikumi/.html）があり、そこに各ガイドラインへのリンクや関連する相談事例等がまとめられている。

・ 「事業者団体の活動に関する独占禁止法上の指針」（事業者団体ガイドライン）（平成7年10月30日）

---

2)　競争政策研究センター国際シンポジウム「グリーン成長と競争政策」の詳細や資料については、公正取引委員会競争政策研究センターウェブサイト内のページに掲載されている（https://www.jftc.go.jp/cprc/events/symposium/2021/220325sympo.html）。
3)　「グリーン社会の実現に向けた事業者等の活動に関するガイドライン検討会」の開催状況や議事要旨については、公正取引委員会ウェブサイト内のページに掲載されている（https://www.jftc.go.jp/soshiki/kyotsukoukai/kenkyukai/grenn/ra.html）。

- 「共同研究開発に関する独占禁止法上の指針」（共同研究開発ガイドライン）（平成 5 年 4 月 20 日）
- 「標準化に伴うパテントプールの形成等に関する独占禁止法上の考え方」（標準化・パテントプールガイドライン）（平成 17 年 6 月 29 日）
- 「流通・取引慣行に関する独占禁止法上の指針」（流通・取引慣行ガイドライン）（平成 3 年 7 月 11 日）
- 「知的財産の利用に関する独占禁止法上の指針」（知的財産ガイドライン）（平成 19 年 9 月 28 日）
- 「排除型私的独占に係る独占禁止法上の指針」（排除型私的独占ガイドライン）（平成 21 年 10 月 28 日）
- 「優越的地位の濫用に関する独占禁止法上の考え方」（優越的地位の濫用ガイドライン）（平成 22 年 11 月 30 日）
- 「企業結合審査に関する独占禁止法の運用指針」（企業結合ガイドライン）（平成 16 年 5 月 31 日）

2　グリーンガイドラインの基本的考え方

　まず、グリーンガイドラインにおいて示されている基本的考え方の第一は、「グリーン社会の実現に向けた事業者等の取組は基本的に独占禁止法上問題とならない場合が多い」ということである。この点について、グリーンガイドラインは、グリーン社会の実現に向けた事業者等の取組は、多くの場合、事業者間の公正かつ自由な競争を制限するものではなく、新たな技術や優れた商品を生み出す等の競争促進効果を持つものであり、温室効果ガス削減等の利益を一般消費者にもたらすことが期待されるものでもあるため、こうした取組は独占禁止法上問題とならない場合が多いと説明している。ここでいう「競争促進効果」とは、事業者等による取組の結果として新たな技術、商品、市場等が生み出され、事業者間の競争が促進されることを指し、「効率性の向上」と称される場合もある。また、「優れた商品」には、当該商品の生産段階若しくは使用段階又は当該商品が部品として組み込まれた最終製品の生産段階若しくは使用段階における温室効果ガス削減に資する商品も含まれ得るとされている。つまり、ある商品について温室効果ガスの削減効果が認められる場合として、当該商品の生産時点での削減効果のほか、使用時点での削減効果や商品に使用されている部品の生産時点や使用時点での削減効

果まで、幅広い場合があり得ることが説明されている。

　次に、グリーンガイドラインの基本的考え方の第二として、事業者等の取組が、個々の事業者の価格・数量、顧客・販路、技術・設備等を制限することなどにより、事業者間の公正かつ自由な競争を制限する効果（以下「競争制限効果」という。）のみを持つ場合、新たな技術等のイノベーションが失われたり、商品又は役務の価格の上昇や品質の低下が生じたりすることにより一般消費者の利益が損なわれることになり、それが名目上はグリーン社会の実現に向けた事業者等の取組であったとしても、独占禁止法上問題となるとしている。ここでいう「競争制限効果」とは、事業者間の競争を制限する効果や競争を阻害する効果を指しており、グリーンガイドラインにおいては、私的独占及び不当な取引制限並びに禁止される企業結合については競争を制限する効果、不公正な取引方法については競争を阻害する効果をそれぞれ意味する。競争を制限する効果と競争を阻害する効果が競争に与える影響の程度等は異なるものの、当該影響に関する判断枠組みは同一であり、グリーンガイドラインの中ではこれらを統一的に「競争制限効果」と呼んでいる。また、グリーンガイドラインにおいて、「独占禁止法上問題となる」とは、独占禁止法の規定に違反する又は違反するおそれのある行為に該当することを示すものであり、直ちに独占禁止法違反と認定されるということではないことに留意が必要である。

　なお、事業者等によるグリーン社会の実現に向けた取組については、広汎な分野において様々な形で実施される行政指導を踏まえたものである場合がある。事業者等の取組については、たとえそれが行政機関の行政指導により誘発されたものであっても、独占禁止法の適用が妨げられるものではない（「行政指導に関する独占禁止法上の考え方」（平成6年6月30日公正取引委員会）「はじめに」参照）。グリーン社会の実現に向けた取組が公正かつ自由な競争を制限又は阻害する場合、行政指導に従った行為であっても事業者等が直接法的責任を問われることに、行政機関及び事業者等は十分留意する必要がある。

　そして、グリーンガイドラインの基本的考え方の第三として、ある具体的な事業者等の取組に競争制限効果が見込まれつつ競争促進効果も見込まれる場合、当該取組の目的の合理性及び手段の相当性（より制限的でない他の代替

的手段があるか等）を勘案しつつ、当該取組から生じる競争制限効果と競争促進効果を総合的に考慮して、当該取組が独占禁止法上問題となるか否か判断されることとなるとの考え方が示されている。具体的に考慮される要素は、行為類型に即して、「第1　共同の取組」、「第2　取引先事業者の事業活動に対する制限及び取引先の選択」、「第3　優越的地位の濫用行為」及び「第4　企業結合」の各項目において述べられている。

　なお、「手段の相当性」について、「より制限的でない他の代替的手段があるか」否かは択一的に判断されるものではなく、個別案件における事業者等の状況を踏まえ、「十分認められる」、「認められる」、「一定程度認められる」などと程度問題として判断されるものと考えられる。また、「手段の相当性」は、「総合考慮」の一つの要素に過ぎず、例えば、取組の競争促進効果によっては、より制限的でない他の代替的手段が存在する取組であっても、独占禁止法上問題ないと判断される場合はあると考えられる。

　グリーンガイドラインは、以上のような枠組みの下、事業者等の実際の活動と独占禁止法との関係について、できるだけ分かりやすく示そうとしたものであって、挙げられている想定例はあくまでも類型化・抽象化された例示である。合計で84[4)]ある想定例については、独占禁止法上問題となるか否かを左右する要素や検討に当たって重要な要素に下線が引かれており、下線部に着目して読むことが適当である。また、「独占禁止法上問題とならない行為」として挙げている想定例に該当しないからといって直ちに独占禁止法上問題となるということではないことに留意が必要である。そして、重要な点として、「独占禁止法上問題となる行為」として挙げている想定例に該当するような行為についても、情報遮断措置（対象となる情報に応じて当該情報に係る商品の製造又は販売に直接従事する者等から遮断する措置のこと。実際には、多くの場合、商品の価格や販売数量を決定する営業担当者について、情報から遮断することが適当な措置となると考えられる。ただし、企業の規模等に応じて、営業を担当する一部の取締役等を含めた情報遮断措置が必要となる場合もあ

---

4)　グリーンガイドラインの想定例の数について、策定時は合計76事例であったが、令和6年改定により8事例が追加され、合計84事例となっている。また、想定例には番号が付されているが、同改定により番号にずれが生じている。

る。）などの措置による競争制限効果の解消のほか、海外からの輸入圧力の増加といった国際的な競争状況も含めた市場の動向等の様々な追加的な検討要素について、事前相談において事業者等からの説明がなされ、競争制限効果が解消されていること等が事実と認められる場合には、こうした事実を踏まえ、独占禁止法上問題ないと判断し得ることもある。こうした点も含め、公正取引委員会は、グリーン社会の実現に向けた事業者等の取組を後押ししていくためにも、グリーンガイドラインの内容に照らしつつ、事業者等との意思疎通を重ねながら積極的に相談への対応を行っていくとしている。また、グリーンガイドラインに示されていないものを含め、事業者等の具体的な行為が違反となるか否かについては、最終的に、独占禁止法の規定に照らして、個々の事案ごとに判断されるものであることはいうまでもないとしている。この点について、公正取引委員会は、グリーンガイドラインは事業者等が独占禁止法上の問題の有無について自ら判断を行う際に参考となることを意図して作成しているものであるが、既に実施された個別の行為について公正取引委員会が違法性の判断を行う際には、グリーンガイドラインが示した判断枠組みや判断要素を個々の事案ごとに必要な範囲で考慮すると説明している。

　なお、グリーン社会の実現に向けた事業者等の取組として、現在、温室効果ガス削減に向けた取組が中心的に実施されていることを踏まえ、グリーンガイドラインでは基本的にこうした取組に関連する独占禁止法上の考え方や想定例を示している。しかしながら、社会公共的に望ましい目的のために実施され、消費者利益をもたらすことが期待されている取組は、温室効果ガス削減に向けた取組以外にも様々なものがあり、同様に社会公共的に望ましい目的のために実施される「持続可能な開発目標（SDGs）」達成に向けた事業者等の取組についても、行為の性質を踏まえれば、グリーンガイドラインが示す判断枠組み等を適用できる可能性が高い。つまり、環境保全や資源、生物多様性の確保、人権、ダイバーシティー、社会福祉、教育などの社会課題の解決のための取組にもグリーンガイドラインの考え方が適用される余地がある。他方、「持続可能な開発目標（SDGs）」に掲げられた目標については、2050 年のカーボンニュートラルの実現と異なり、我が国の具体的目標が設定されていないものもあるところ、各目標を達成する重要性や達成するための取組に係る合理性等の評価が、社会的に一致しない可能性もある。このた

め、グリーンガイドラインの判断枠組み等が、「持続可能な開発目標
（SDGs）」達成に向けた事業者等の取組に必ず適用できると言い切れるもの
ではない点には注意が必要である。

3 グリーンガイドラインの構成

　グリーンガイドラインは、「第1」から「第5」の五つの部分により構成
される。

　「第1」においては、グリーン社会の実現に向けた事業者等の取組として、
自主基準の設定、共同研究開発等、競争者間で実施され、不当な取引制限等
の観点から検討を要する「共同の取組」に当たる行為が考えられることから、
こうした行為について、「独占禁止法上問題とならない行為」、「独占禁止法
上問題となる行為」及び「独占禁止法上問題とならないよう留意を要する行
為」の三つに大別し、想定例を示しつつ、独占禁止法上の問題についての判
断枠組みや判断要素を説明する。

　「第2」においては、グリーン社会の実現に向けた事業者等の取組として、
取引先選定に係る基準の設定等が、サプライチェーンにおいて実施され、不
公正な取引方法又は私的独占の観点から検討を要する「取引先事業者の事業
活動に対する制限及び取引先の選択」に当たる行為が考えられることから、
こうした行為について、「独占禁止法上問題とならない行為」及び「独占禁
止法上問題となる行為」の想定例を示しつつ、独占禁止法上の問題について
の判断枠組みや判断要素を説明する。

　「第3」においては、第2で述べた取引の相手方に関する行為について、
場合によっては「優越的地位の濫用」の観点から検討を要する行為もあり得
るため、こうした行為について、「独占禁止法上問題とならない行為」及び
「独占禁止法上問題となる行為」の想定例を示しつつ、独占禁止法上の問題
についての判断枠組みや判断要素を説明する。

　「第4」においては、共同研究開発や事業活動の効率化の推進のために事
業者間で株式を取得したり、共同出資会社（二以上の会社が、共通の利益の
ために必要な事業を遂行させることを目的として、契約等により共同で設立し、又
は取得した会社をいう。以下同じ。）を設立したりするなど、「企業結合」の観
点から検討を要する行為もあり得るため、こうした行為について、「独占禁

止法上問題とならない企業結合」及び「独占禁止法上問題となる企業結合」の想定例を示しつつ、独占禁止法上の問題についての判断枠組みや判断要素を説明する。

「第5」においては、グリーン社会の実現に向けた事業者等の具体的な取組に対して、当委員会が個別の相談を受けた際にどのように対応していくのか、また、事業者等がどのような準備をすることで迅速かつ円滑に相談手続が進むのか、「公正取引委員会への相談について」の説明を行う。

このようにグリーンガイドラインは独占禁止法の複数の違反行為類型を広くカバーする内容となっており、事業者等がグリーン社会の実現に向けた様々な取組を検討する際に、このガイドラインを見れば全般的な検討が可能であるという実務上のメリットがあるといえる。また、海外においても、EUや英国等において温室効果ガスの削減に関する取組と競争法に関するガイドラインが公表されているが（ column 「海外におけるグリーンガイドライン」参照）、これらのガイドラインは第1の共同の取組に該当する行為のみに焦点を当てたものとなっており、我が国のグリーンガイドラインはこの点で特徴のあるものとなっている。

---

 column 　**海外におけるグリーンガイドライン**

　海外の競争当局も、共同の取組に関して、グリーンガイドラインと同様のガイドラインを策定している。例えば、欧州委員会は、2023年6月1日、改定水平的協力協定ガイドラインの成案を公表し、同ガイドラインにおいて、サステナビリティ協定章を新設した。また、オランダ消費者・市場庁（ACM）は、同年10月4日、サステナビリティ協定に係る政策ルールを公表した。さらに、英国競争・市場庁（CMA）は、同月12日、グリーン協定ガイダンスの成案を公表した。これらは、いずれも、EU機能条約101条3項、又は、それに由来する自国の競争法の個別適用免除の四つの要件、すなわち、①経済又は技術的発展に寄与すること、②消費者に利益を公正に分配すること、③制限が不可欠であること、④競争の排除がないこと、に係る考え方等を示すものである。

　これら四つの要件のうち、サステナビリティ関連で最も議論の対象となってきたのは、「②消費者に利益を公正に分配すること」の要件である。これについて、欧州委員会の改定水平的協力協定ガイドラインのサステナビリティ協定では、関連市場における消費者と関連市場外において利益を受けるものが重複

する場合、関連市場外における利益を「集合的利益」として考慮することができるとする。一方、英国CMAのグリーン協定ガイダンスでは、気候変動に対処するための協定については、「消費者」を「英国の全国民」と解釈するとしている。また、オランダACMのサステナビリティ協定に係る政策ルールでは、環境被害に対処するための協定については、予備審査において、環境上の利益が競争上の不利益を上回る蓋然性が示されれば、審査を継続しないとしている。

このように、各国・地域における対応は、細部の違いはあるものの、共同の取組について、一定の要件を満たすものは競争法上問題とならないという整理をするものである。我が国におけるグリーンガイドラインによる整理も、一定の要件を満たす共同の取組については独占禁止法上問題とはならないとするものであり、これらの各国・地域における対応と実質的な差はないといえる。

なお、これら以外にも、ニュージーランド商務委員会が、2023年11月、ガイドラインの成案を公表しているほか、シンガポール競争・消費者委員会は、2024年3月、環境サステナビリティ・コラボレーション・ガイドラインの成案を公表しており、競争法とサステナビリティに関するガイドラインが世界各国で策定されつつある。

column 独占禁止法の適用除外制度について

グリーン社会の実現に向けた事業者等の取組について、独占禁止法の適用除外（適用免除）制度を創設するべきではないかという意見を聞くことがある。こうした意見の背景として、EUにはEU機能条約101条3項に基づく適用免除制度があり、欧州委員会の改定水平的協力協定ガイドラインのサステナビリティ協定章は、当該適用免除制度についての考え方を示すものであることがある。しかしながら、「日本においてもEUと同様の適用除外（免除）制度を創設すべき」という意見は、日本とEUでは共同行為に関する競争法の規制枠組みに違いがあることを理解していない。すなわち、EU競争法では、EU機能条約101条1項において、競争制限を目的又は効果とする共同行為を一律に禁止した上で、同条3項に基づく適用免除制度により問題とならない場合がある旨の規定を置いている。一方、日本の独占禁止法は、同業他社との共同行為について「一定の取引分野における競争を実質的に制限する」場合にのみ問題となるとの規定を置いている。このように、日本とEUでは規制枠組みに違いがある一方で、双方のガイドラインを比較すれば、両者が規制の対象とする共同の取組には実質的な差がない状況にあるということを理解することが重要である。

また、日本の独占禁止法について、新たな適用除外制度を設けた上で、一定の取組については適用しないこととする場合、EUを含めた海外競争当局の規制の対象と日本の独占禁止法の規制の対象にずれが生じることとなり、グローバルに事業を展開する日本企業は、自らの取組が日本では適用除外とされて適法とされたとしても、依然として海外競争当局から違法と判断されるリスクを負っていることとなる。さらに、適用除外制度の新設については、グリーン社会の実現のための取組を装ったカルテル、いわゆるグリーンウォッシュの危険を高め、我が国の経済の発展やイノベーションの促進にマイナスの影響を与える可能性があるほか、適用除外制度の在り方によっては、様々な取組について検討を行う企業において、独占禁止法上の問題の検討作業に加えて適用除外への該当性の検討作業が必要になることも考えられ、結果的に企業の負担が増す可能性がある。このように考えると、日本の独占禁止法において、グリーン社会の実現に向けた取組に対する適用除外制度を設けることは適当でない。

4　グリーンガイドライン策定後の公正取引委員会の対応

　グリーンガイドライン策定後の公正取引委員会の対応として、まず、公正取引委員会は、市場や事業活動の変化、具体的な法執行や相談事例等を踏まえ、また、事業者等や関係省庁と対話しながら、継続的にグリーンガイドラインについての見直しを行っていくことを明らかにしている。これは、競争環境の不確実性が高い中で事業者等の個別の取組が様々な形で生じてくることが予想され、それらに対して対応を行っていく必要があるからである。実際、公正取引委員会は、グリーンガイドライン策定から半年となる令和5年10月には改定を行うことを公表[5]した上で、令和6年4月に改定を実施しており、今後も継続的に見直しを行っていくこととしている。また、この点に関連して、グローバルに事業を展開する日本の事業者のグリーン社会の実現に向けた取組を後押ししていくため、海外における競争当局等の動向を踏まえた対応を継続していくことも重視している。すなわち、事業者等の活動に関する予見可能性を高めるために、海外における法執行事例やガイドライン等による競争法上の考え方の明確化の状況等を踏まえた対応を進めてい

---

5)　令和5年10月11日公正取引委員会事務総長定例記者会見（https://www.jftc.go.jp/houdou/teirei/2023/oct_dec/231011.html）。

く必要がある。ただし、適用除外制度の導入が適当ではないことは **column**「独占禁止法の適用除外制度について」記載のとおりである。

　次に、公正取引委員会は、グリーン社会の実現に向けた事業者等の取組を後押ししていくためにも、グリーンガイドラインに照らしながら積極的に事業者等からの相談への対応を行っていくとしている。また、事業者等が、公正取引委員会に対して自らの取組について事前相談等を行う場合、当該取組の目的の合理性及び手続の相当性並びに競争促進効果を定性的又は定量的な根拠に基づき主張する際には、これを踏まえた判断を迅速かつ的確に実施していくことを表明している。

　なお、事業者等が経済分析の結果をまとめた報告書により主張する場合について、公正取引委員会は、「経済分析報告書及び経済分析等に用いるデータ等の提出についての留意事項」（令和4年5月31日公正取引委員会）を参照することが望ましいとするほか、一般的には、事業者等が公正取引委員会との間で意思疎通を可能な限り早期に、かつ十分に行うことが、事業者等と公正取引委員会の双方にとって有益であるとしている。

　事業者等は、グリーン社会の実現に向けて、短期及び中長期にわたって、規制及び制度、市場構造並びに技術動向等の国際的な競争環境の前提の変化に対応していく必要がある。このため、事業者等が自らの取組について事前相談等を行うに際して、当該取組がグリーン社会の実現に向けたものであることの根拠や当該取組の競争促進効果としての脱炭素の効果、規制及び制度の変化等について主張する場合や、事業者等からの説明に加えて、関係省庁からの情報提供がなされた場合には、公正取引委員会は、これらを踏まえた判断を行うとする。特に、脱炭素の効果（温室効果ガス排出量・吸収量）については、関係省庁からの情報提供があった場合、公正取引委員会はこれに依拠して判断を行うとしており、具体的には、温暖化対策推進法又はエネルギーの使用の合理化及び非化石エネルギーへの転換等に関する法律（昭和54年法律第49号）に基づく算定方法や、国際的な標準であるGHGプロトコル、「GXリーグ算定・モニタリング・報告ガイドライン」（令和5年4月26日GXリーグ事務局）等を用いて算定することができるとしている（グリーンガイドライン「はじめに」4)。この部分は令和6年改定により追記された説明であり、事業者等が公正取引委員会への相談を行う際、自らの取組の意義や

背景等について説明するときには同記載を参考にして資料を準備することが適当と考えられる。ここで「等を用いて算定することができる」と定めるのは、事業者等の事業内容を踏まえるとこれらの算定方法以外の算定方法が適当と考えられる場合があるほか、今後、新たな算定方法が出てくる可能性があることを踏まえたためであり、例として挙げたものに算定方法が限定されるものではないことを示している。

　一方、公正取引委員会は、「グリーンウォッシュ」とも呼ばれるような、名目上はグリーン社会の実現に向けた事業者等の取組であったとしても、独占禁止法上問題となる行為に対しては厳しく対処していくとする。

　グリーン社会の実現に向けては、多種多様な取組が想定されるところ、グリーンガイドラインは策定時点又は令和6年改定時点で関連性が想定される独占禁止法上の行為類型をできる限り網羅し、また、今後起こる可能性のある仮想事例をできるだけ記載することで、事業者等の予見可能性の向上に努めたものである。しかしながら、グリーン社会の実現に向けて様々な取組が進む中で事業者等が実施しようとする取組は一層多様性を増すことが想定される。そのため、公正取引委員会は、事業者等が実施しようとする取組が独占禁止法上問題となるか否かは、同法の規定に照らして個別具体的に判断されるとした上で、グリーンガイドラインにおいて取り上げられていない又はグリーンガイドラインの想定する前提と異なる行為や論点については、公正取引委員会がこれまでに公表した相談事例及び各種の独占禁止法上の指針等のほか、今後公表される相談事例等が参考になると考えられるとしている（グリーンガイドライン「はじめに」4）。また、公正取引委員会は、事業者等の参考になると考えられる相談事例等については、積極的に公表を行っていくとしており、令和6年2月には、周南コンビナートにおける共同の取組に係る相談事例についての公表（ **column** 「周南コンビナートにおける共同の取組に係る相談事例」参照）が行われている。

---

column　周南コンビナートにおける共同の取組に係る相談事例

　公正取引委員会は、石油化学製品等の製造販売を行っている出光興産㈱、東ソー㈱、㈱トクヤマ、日鉄ステンレス㈱及び日本ゼオン㈱（以下「出光興産ほか4社」という。）から、カーボンニュートラルの実現に向けた共同の取組に

ついて以下のとおり相談を受け、独占禁止法上問題となるものではない旨を回答した（令和5年2月15日公正取引委員会報道発表）。

〇相談の要旨

出光興産ほか4社が、次のような共同の取組を行っても、独占禁止法上問題とならないか。

① 発電設備等で使用する燃料について、化石燃料から燃焼時に二酸化炭素の排出がないアンモニア等に転換するための共同の発電設備等の設置及び利用等の取組

② 製品の原材料について、化石燃料を原材料に用いた基礎化学品（エチレン、プロピレン等）から、二酸化炭素の排出が少ない原材料を用いたバイオ基礎化学品等に転換するための原材料の共同購入等の取組

③ 製品の製造の際に排出される二酸化炭素の共同での回収、燃料・原材料への再利用又は貯留の取組

〇独占禁止法上の考え方

これらの取組については、まず、本件取組によって二酸化炭素の大幅な削減が見込まれており、グリーン社会の実現に向けた取組であることが認められる。その上で、多くの製品については、出光興産ほか4社間に競合関係がないため、共同行為によって一定の取引分野における競争の実質的制限は生じない。また、競合する製品であっても、地理的範囲が「日本全国」として画定されることなどから、他に有力な競争事業者が存在したり、需要者から競争圧力が働いていたりするなどの市場の状況にあるため、本件取組の共同行為によって一定の取引分野における競争の実質的制限は生じない。

〇公正取引委員会の回答の要旨

前記のような独占禁止法上の考え方に基づき、公正取引委員会は、出光興産ほか4社が実施する共同の取組については、独占禁止法上問題となるものではない旨を回答した。また、周南コンビナートにおけるカーボンニュートラルの実現に向けた共同行為は、製品の販売価格のカルテルといった競争制限行為に該当しない限り、独占禁止法上問題となるものではない旨も併せて回答した。

第1 共同の取組

第1 共同の取組

　　事業者等は、グリーン社会の実現に向けて、自主基準の設定、共同研究開発等の共同の取組を実施することがある。これらの取組は、迅速な事業遂行やコスト削減、不足する業務や技術等の相互補完を可能にすること等を通じて事業活動の効率化を図り、グリーン社会の早期実現を目指すものである。その多くは独占禁止法上問題となることなく実施することが可能であり、事業者等が共同の取組を行ったことをもって、直ちに独占禁止法に違反するものではない。

　　以下では、共同の取組について、「独占禁止法上問題とならない行為」、「独占禁止法上問題となる行為」及び「独占禁止法上の問題とならないよう留意を要する行為」の三つに大別し、想定例を挙げながら説明する。

　　なお、後記1から3までで説明する判断枠組み等をまとめて図示すると以下のとおりである。前述のとおり、事業者等による多くの共同の取組については、そもそも競争制限効果が見込まれず、独占禁止法上問題とならないと判断することができる。一方で、事業者等の共同の取組が競争制限効果のみをもたらす場合、当該取組は原則として独占禁止法上問題となる。また、事業者等の共同の取組に競争促進効果と競争制限効果が見込まれる場合、後記3のとおりこれらの効果を総合的に考慮して独占禁止法上問題となるか否かを検討することとなるが、競争制限効果の程度によっては、慎重な検討が必要とされる。

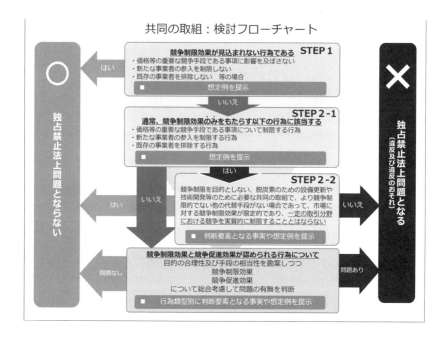

共同の取組：検討フローチャート

解説

　事業者や事業者団体は、事業活動に伴って排出される CO_2 等の温室効果ガスの削減に取り組んでおり、その中で、競争事業者間で自主基準の策定や共同研究開発等を実施することがある。グリーンガイドラインは、こうした共同の取組について、多くは独占禁止法上問題なく実施することが可能であるとの基本的な考え方を述べた上で、「独占禁止法上問題とならない行為」、「独占禁止法上問題となる行為」及び「独占禁止法上の問題とならないよう留意を要する行為」の三つに類型化し、それぞれの類型について、独占禁止法上の考え方を想定例とともに説明を行っている。また、三つの類型に関する判断の流れについて、フローチャートが示されている。

　フローチャートについては、三つの類型に沿う形で三つのステップでの判断を基本枠組みとしているが、令和6年改定により、STEP 2 の判断が二段階に分かれる形になっており、より詳細な判断が示されている。すなわち、同改定前は、価格等の重要な競争手段である事項について制限する行為等の競争制限効果のみが見込まれる行為に該当する場合は、「独占禁止法上問題

となる行為」に該当するという考え方が示されていたが、改定後は、同じ行為に該当する場合であっても、価格の引上げや生産数量の削減等の競争制限を目的とする行為ではなく、脱炭素のための設備更新や技術開発等のために必要な共同の取組で、より競争制限的でない他の代替手段がない場合であって、市場に対する競争制限効果が限定的であり、一定の取引分野における競争を実質的に制限することとはならないと認められる場合には、独占禁止法上問題とならないことが追加的に示されている。この追加部分の詳細な解説については、後述**2**（本書28頁）参照。

　なお、この**第1**では、主に独占禁止法第2条第6項（不当な取引制限）についての考え方を整理しつつ、同条第5項（私的独占）及び第8条（事業者団体の禁止行為）についての考え方も示している。事業者等による共同の取組の態様等によっては、同条（事業者団体の禁止行為）が適用される場合があり、事業者団体による共同の取組は、一定の取引分野における競争を実質的に制限する場合、同条第1号に該当し、また、一定の取引分野における競争を実質的に制限するまでには至らない場合であっても、同条第3号、第4号又は第5号に該当する可能性がある点に注意する必要がある（事業者団体ガイドライン参照）。さらに、事業者団体における差別取扱い等に該当するなど、事業者等の共同の取組が公正な競争を阻害するおそれがある場合、同法第2条第9項（不公正な取引方法）に該当する。また、**第1**では主に同条第6項（不当な取引制限）についての考え方を整理していることから、**第1**における「競争制限効果」は主に競争を制限する効果を意味するが、同条第9項（不公正な取引方法）についての考え方に関する部分においては競争を阻害する効果を意味する点について留意を要する。

1　独占禁止法上問題とならない行為

> 1　独占禁止法上問題とならない行為
>
> 　事業者等の共同の取組のうち、競争制限効果が見込まれない行為は、独占禁止法上問題とならない。
>
> 　競争制限効果が見込まれない行為としては、価格等の重要な競争手段である事項に影響を及ぼさない、新たな事業者の参入を制限しない、及び既存の事業者を排除しないといった要素を満たす事業者等の共同の取組のほとんど

がこれに該当すると考えられ、グリーン社会の実現に向けた事業者等の共同の取組の多くは、独占禁止法上問題とならない形で実施することが可能であると考えられる。また、事業者等が共同の取組を検討するに当たって、相互に事業活動等に関する情報を交換することが必要になる場合がある。この場合において、価格等の重要な競争手段である事項に関する情報の交換が行われないときは、通常、独占禁止法上問題とならない。さらに、価格等の重要な競争手段である事項に関する情報交換であっても、情報遮断措置が講じられる場合には、通常、独占禁止法上問題とならない。

解説

　事業者等の共同の取組について、グリーンガイドラインは、まず、独占禁止法上問題とならない行為について説明している。事業者等の共同の取組のうち、①価格や生産数量等の重要な競争手段である事項に影響を及ぼさない、②新たな事業者の参入を制限しない、③既存の事業者を排除しない、という3つの要素を満たすものについては、そのほとんどが「競争制限効果が見込まれない行為」に該当し、その場合、独占禁止法上問題となることはないとしている。①の「重要な競争手段である事項」については、事業者団体ガイドラインにおいて、事業者が供給し、又は供給を受ける商品又は役務の価格又は数量、取引に係る顧客・販路、供給のための設備等、制限されることによって市場メカニズムに直接的な影響を及ぼす、事業者の事業活動の諸要素のことをいう（事業者団体ガイドライン第2(2)参照）とされている。また、グリーンガイドラインで「ほとんどがこれに該当すると考えられ」とされている点については、①から③までの要素を満たした場合であっても、例えば、事業者の事業活動を拘束するような取決めなど、独占禁止法上問題となる可能性があることを留保する記述となっている。他方、実際に事業者等が検討し、実施している様々な取組のほとんどはここに記載されている①から③までの行為に該当し、独占禁止法上の問題を生じさせないものであろうと考えられる。

　また、令和6年改定により情報交換に関する記述が追記された。事業者等が共同の取組を検討するに当たって、まずはそれぞれの事業活動に関する情報交換を行うことが必要となるという実態を踏まえ、追加的な考え方が記載されたものである。こうした情報交換については、初期段階から価格等の

重要な競争手段である事項に関する情報の交換を行うことは少ないと考えられるが、仮にそのような情報を交換する必要がある場合であっても、情報遮断措置を講じることによって検討を進めることは可能である。さらに、後述**2**（本書28頁）のとおり、一定の場合には、情報遮断措置を講じなくとも、価格等の重要な競争な手段である事項に関する情報交換を実施することも可能であると考えられる。この点については、共同の取組のみならず、企業結合を検討する場合においても同様である。

　事業者等の共同の取組のうち、競争制限効果が見込まれない行為に該当すると考えられるものとして、具体的には以下のような行為がある。

● 独占禁止法上問題とならない行為の想定例

想定例 1　業界として行う啓発活動

　事業者団体Ｘは、グリーン社会の実現に向けた個々の事業者の取組を業界内で一層促進するために啓発活動を実施することとした。実施する際は、重要な競争手段である事項に影響を及ぼさない範囲で行うこととし、新たな事業者の参入を制限したり、既存の事業者を排除したりすることとならないようにするとともに、当該啓発活動が個々の事業者の事業活動を拘束しない範囲で行われるようにした。

想定例 2　法令上の義務の遵守対応

　商品Ａの製造販売業者により構成される事業者団体Ｘは、法令上、商品Ａの製造販売業者による達成が義務付けられるリサイクル率を、会員事業者が達成しなければならない目標値として定めた。その上で、当該リサイクル率を達成する観点から、Ｘは、会員事業者各社のウェブサイトにおいて自社が当該目標の達成に向けて取り組む旨を宣言することを奨励するとともに、会員事業者各社の達成率を、会員事業者の同意を得て団体のウェブサイトにおいて公表することとした。

想定例 3　業界目標・活動指針

　商品Ａの製造販売業者により構成される事業者団体Ｘは、カーボンニュートラル達成に向けて、商品Ａの製造過程で排出される温室効果ガスの削減に関する努力目標を業界として○％として定めた。その上で、目標達成のために解決する必要がある課題を整理し、事業者団体Ｘを構成する製造販売業者が

努力すべき取組として原材料や調達部品の変更、製造工程の見直し、新技術の導入等の具体的な方策を明らかにした一般的な活動指針を取りまとめた。

■想定例4　情報発信①

　特定の業態の小売店により構成される事業者団体Xにおいては、会員事業者各社が自主的に、資源節約のため、消費者に対して商品を販売する際に用いる包装を、再生資源を材料とした包装に切り替える取組を行ってきた。Xは、当該取組について、一般消費者の理解を得るため、一般消費者向けのウェブサイトを開設し、会員事業者の取組について情報発信することにした。

■想定例5　情報発信②

　商品Aの製造販売業者X、Y及びZの3社は、それぞれ、商品Aの製造過程の転換を検討していた。商品Aは、製造過程を転換することで、当該過程における温室効果ガス排出量を大幅に削減できることが明らかになっている。一方で、商品Aの製造過程の転換には多額の設備投資が必要であり、かつ、製造に係るコストは大幅に上昇するものの、商品Aの需要者にとって使用上の価値が変わるものではないため、3社は、上昇する製造に係るコストを販売価格へ転嫁した場合、需要者の理解が得られないのではないかという共通の懸念を有していた。そこで3社は、こうした共通の懸念についての対応を議論し、商品Aの需要者の理解を得るために、製造過程の転換の目的や効果に加え、製造に係るコストの大幅な上昇を取引先や消費者に周知し、事業者の窮状や現状を訴える内容を共同で情報発信することにした。

［解説］

　製造過程の転換によって温室効果ガス排出量を大幅に削減できることが明らかである場合には、競争促進効果が認められるので、需要者にとって使用上の価値に直接の変化がない場合であっても、品質の向上と評価できる。需要者の理解を得るために行う、製造に係るコストの大幅な上昇を取引先や消費者に周知し、事業者の窮状や現状を訴える内容の共同での情報発信は、その内容が、価格等の重要な競争手段である事項について制限する行為ではない場合、独占禁止法上問題なく実施することができる。

■想定例6　事業所における省エネルギーの推奨

　事業者団体Xは、会員事業者の事業活動における電力消費を抑えてカーボンニュートラルに貢献するため、会員事業者の事業所で設定すべき冷暖房温度の目安及び節電効果のあるLED電球の使用推奨を定めた。冷暖房温度設定や

LED電球の使用の有無は、Xの会員事業者間の競争に影響を与えない状況にある。

■想定例7　重要な競争手段である事項を対象としない情報交換

　商品Aの製造販売業者X、Y及びZは、商品Aの製造過程における温室効果ガス排出量の算出方法及び省エネルギー対策、並びに、温室効果ガス削減を新たな取引機会につなげた経験等、温室効果ガス削減に関するベストプラクティスについて情報交換を行い、自社の取組の参考とした。商品Aの価格等の重要な競争手段である事項は、情報交換の対象ではない。

■想定例8　情報遮断措置を講じた情報交換

　商品Aの製造販売業者X、Y及びZの3社は、商品Aの製造過程で排出される温室効果ガス削減を目的として、商品Aの原材料を原材料Bから原材料Cに切り替えることを検討している。3社は、商品Aの製造に係る一部設備を共有しているところ、当該設備における原材料Cの需要量を把握するため、当該検討に当たっては、各社の商品Aの将来の生産数量を含む生産数量等の重要な競争手段に関する情報を互いに共有し、それを分析した結果を踏まえる必要がある。

　そこで、3社は、3社による合意の下に、3社の営業部門の担当者を含まない特別チームを3社の間又は幹事となる1社に設立し、当該チームにおいて3社の重要な競争手段に関する情報を収集・分析した上で、原材料の切替えに向けた検討を行うこととした。また、3社は、当該チームに対し、収集した当該情報を当該チーム外に共有することを禁止するとともに、原材料の切替えに係る会社としての意思決定のためにやむを得ない場合には、3社のうちの個別の事業者が提供した当該情報が分からないよう加工するなどした上、3社のうち、当該意思決定に必要な者のみに共有し、当該チームが収集した当該情報を利用して商品Aの製造販売に関する協調的な行動が行われないために、当該意思決定に関与した者に対し、他の事業者から受領した当該情報の目的外利用を禁止するなど十分な措置を採ることとした。

■想定例9　温室効果ガス排出削減に係る基準の設定及び当該基準の遵守を確保するために必要な範囲内での事実の公表

　温室効果ガス排出量が大きい商品Aの製造販売に関して、当該製造販売業の所管官庁であるX省は、所管業法を改正し、商品Aの製造販売業者各社が達成すべき中期的な温室効果ガス排出削減目標を具体的に定めた。商品Aの

製造販売業者により構成される事業者団体Yは、当該法定基準を、会員事業者が遵守すべき基準として設定し、当該基準の遵守を確保するために必要な範囲で、基準に違反した場合にその事実を公表する旨を定めた。

解説

　グリーンガイドラインは、共同の取組について、競争制限効果が見込まれない行為として九つの想定例を挙げている。これらの想定例で挙げられている業界として行う啓発活動、法令上の義務の遵守対応（リサイクルガイドライン第2の1にも記載がある）、業界目標・活動指針のとりまとめ、情報発信等の行為については、既に実際に様々な業界において脱炭素の取組の一環として行われているものであるが、いずれについても競争制限効果が見込まれない行為に該当し、独占禁止法上問題なく実施可能であることが確認的に記載されている。

　なお、想定例2に関連して、法令を上回る目標値を定める場合に独占禁止法上問題となるか否かについては、当該目標値の水準やその設定が事業者の事業活動に与える影響等を検討する必要がある点に留意が必要である。

　九つの想定例のうち、二つの事例は令和6年改定により追加されたものである。このうち想定例5については、原材料の切替えによって温室効果ガス排出量を大幅に削減できることが明らかである場合、需要者にとって使用上の価値に変化がない場合であっても、品質の向上と評価できるが、こうした場合に原材料の変更や製造過程の転換によって販売価格を引き上げざるを得ない状況について、需要者や一般消費者への理解を求めるために行われることが考えられ、実際の必要性が高い取組であると考えられる。こうした場合の留意点としては、情報発信の内容によって、価格等の重要な競争手段である事項について制限する行為に該当する場合には、独占禁止法上問題となる点である。例えば、具体的な価格の引上げ水準について情報発信をするような行為は、独占禁止法上問題となると考えられる。

　また、令和6年改定により追加されたもう一方の想定例8についても、事業者が様々な取組について検討を開始する際にまず行うものとして、実際の必要性が高い取組であると考えられるが、その際に、想定例7のように重要な競争手段である事項を対象としない情報交換のみならず、生産数量等の

重要な競争手段に関する情報の交換も必要になることもあり得ると思われる。 想定例8 は、情報遮断措置を採ることにより、こうした情報交換が可能であることを示している。情報遮断措置の内容としては、この想定例に記載のあるように、営業部門の担当者を含まない特別チーム（「クリーンチーム」等とも呼ばれる）を設立する方法が考えられる。この場合、収集した情報を当該チーム外に共有することを禁ずるとともに、会社としての意思決定のためにやむを得ない場合には、情報提供者が分からないよう可能な限り加工するなどした上で管理部門のみに共有し、目的外利用を禁止するなど適切な措置を採ることが 想定例8 では紹介されているが、情報遮断措置の一般的な内容としては、部門間におけるファイアーウォールの設置、秘密保持契約の締結、情報へのアクセス制限などが過去の相談事例にみられるほか、情報管理者の設置や情報に接した者を一定期間関係部門に配置しない人事上の対応等、企業の規模や実態に応じて様々な対応が考えられる。また、事業者等における人的なリソースが限られている状況等から情報遮断措置を取ることが難しい場合であっても、生産数量等の重要な競争手段についての情報交換を実施することができる場合については、後述 **2**（本書 28 頁）に記載がある。

2　独占禁止法上問題となる行為

2　独占禁止法上問題となる行為

事業者等の共同の取組が競争制限効果のみをもたらす場合、当該取組は原則として独占禁止法上問題となる。具体的には、次のいずれかの行為に該当する場合、それがグリーン社会の実現を目的とするものであったとしても、その目的のみにより正当化されることはなく、原則として独占禁止法上問題となる。

① 価格等の重要な競争手段である事項について制限する行為
② 新たな事業者の参入を制限する行為
③ 既存の事業者を排除する行為

これらの行為は市場メカニズムに直接的な影響を及ぼすものであり、前記①の行為については、入札談合、受注調整、価格カルテル、数量カルテル、技術制限カルテル等、ハードコア・カルテルと呼ばれるものが含まれる。こ

れらの行為が行われた場合、本来、各事業者の自主的な判断に委ねられるべき価格や生産数量が決定されてしまう、あるいは、新規参入者や既存事業者を排除することにより競争単位の数が減少してしまうなど、競争制限効果がもたらされる一方で、通常、競争促進効果がもたらされることはないため、行為の具体的な態様や手段・方法に関係なく、また、行為がどのような目的や理由のもとに行われたものであっても、そのことのみによって正当化されることはない。

　原則として独占禁止法上問題となる共同の取組の想定例としては、以下のようなものが挙げられる。

解説

　グリーン社会の実現を目的とする共同の取組であったとしても、独占禁止法上問題となる場合はある。ここに記載された①価格等の重要な競争手段である事項について制限する行為、②新たな事業者の参入を制限する行為又は③既存の事業者を排除する行為の三つの行為に該当する行為については、原則として、独占禁止法上問題となることに注意が必要である。「価格等の重要な競争手段である事項」の内容については、前述１のとおりである。

　この点に関連する既存のガイドラインの記述として、事業者団体ガイドラインには、「事業者団体によるこのような制限行為が原則として違反とされるのは、その行為の具体的な形態や手段・方法のいかんを問わない。また、同じくこのような行為が原則として違反とされるのは、行為の理由のいかんを問わないのであって、妥当な価格水準にするためとか、商品又は役務の質を確保するためとか、受注の均等化を図るためといった理由によって正当化されるものではない」（事業者団体ガイドライン第2(2)）との記述がある。また、本**2**に示す行為のほか、事業者が競争者や取引先事業者等と共同して又は事業者団体が、取引拒絶等を行うこと（共同ボイコット）も独占禁止法上問題となり得る（共同ボイコットについては、後記**第2**の**2**(2)参照）。

　ただし、後述**2**（本書28頁）のとおり、これらの①から③までの三つの行為に該当する行為であっても、独占禁止法上問題とならない場合もあり得る。この点については、令和6年改定により詳細な考え方が想定例とともに追記されている。

●独占禁止法上問題となる行為の想定例

想定例 10 温室効果ガス削減に係る費用の徴収の共同実施

　役務Ａを提供する事業者Ｘ、Ｙ及びＺは、役務Ａの提供に当たって排出される温室効果ガスの削減方法を議論するための作業部会を立ち上げた。当該作業部会において、各種対策を行うために一定のコスト増が見込まれることが判明したことから、役務Ａの提供に当たって共通の温暖化対策費を需要者から徴収することを決定した。

想定例 11 生産量の制限

　商品Ａの製造販売業者により構成される事業者団体Ｘは、商品Ａの製造過程で排出される温室効果ガスを直接的に削減するため、会員事業者各社が製造する商品Ａの年度別生産量を団体において議論し、会員事業者に対して生産量の割当てを行った。

想定例 12 生産設備の共同廃棄①

　商品Ａの製造販売業者Ｘ、Ｙ及びＺの３社は、商品Ａの製造過程で排出される温室効果ガスの排出量削減のため、既存の生産設備を温室効果ガス排出量が少ない新技術を用いる新たな生産設備へ転換することをそれぞれ検討していた。そこで、３社は、業界としての足並みを揃えるため、それぞれ独自に判断することなく、相互に連絡を取り合い、既存の生産設備を廃棄する時期や廃棄する生産設備の対象を決定した。

［解説］

　この行為は、重要な競争手段である設備の廃棄時期等を競争者と共同で決定しており、独占禁止法上問題となる。

　他方、需要者のニーズ等に鑑み、各事業者独自の判断で生産設備の廃棄時期等が決定され、暗黙の了解又は共通の意思が形成されることなく決定内容が類似のものとなること自体は、独占禁止法上問題となるものではない。また、重要な競争手段である設備の廃棄時期等を競争者と共同で決定する場合であっても、脱炭素のための設備更新のために必要な廃棄であって、より競争制限的でない他の代替手段がない場合、３社のほかに有力な競争者が存在する、又は、海外からの輸入による競争圧力がある等のために市場に対する競争制限効果が限定的であるものについては、各種要素を総合的に考慮して検討した結果、「一定の取引分野における競争の実質的制限」を生じないと認められ独占禁止法上問題とならないこともある（詳細は後記本文参照）。

■ 想定例 13 ■ 技術開発の制限

　商品Ａの製造販売業者Ｘ、Ｙ及びＺの３社は、商品Ａの需要者から温室効果ガス削減のための技術開発を強く要請されている。しかし、新技術の開発競争が激しくなることを避けるため、３社は、自社において行っている研究開発の状況について情報交換を行うとともに、今後需要者に対して提案する商品に用いる新技術の内容を制限した。

■ 想定例 14 ■ 競争者との情報交換①

　商品Ａの製造販売業者Ｘ、Ｙ及びＺの３社は、商品Ａの製造過程で排出される温室効果ガス削減を目的として、原材料の共同調達や製造工程の一部の共同化を検討していた。新しい生産設備の仕様等の検討に当たって、３社は、各社の商品Ａの生産数量や販売価格について、情報遮断措置を講じることなく、情報交換を行った。

［解説］

　この行為は、生産数量及び価格という重要な競争手段である事項について制限する行為と認められるおそれがあり、独占禁止法上問題となる。

　他方、競争者との間で重要な競争手段である事項についての情報交換を行う場合であっても、脱炭素のための設備更新等のために必要な情報交換であって、より競争制限的でない他の代替手段がない場合、３社のほかに有力な競争者が存在する等のために市場に対する競争制限効果が限定的であるものについては、各種要素を総合的に考慮して検討した結果、「一定の取引分野における競争の実質的制限」を生じないと認められ独占禁止法上問題とならないこともある（詳細は後記本文参照）。

解説

　グリーンガイドラインは、共同の取組について、独占禁止法上問題となる行為として五つの想定例を挙げている。これらの行為についてはいずれも価格や生産数量等の重要な競争手段である事項について制限する行為と認められるおそれがあり、独占禁止法上問題となる行為であることから、事業者がこれらに類する行為を行おうとする場合、注意が必要となる。こうした行為について、日本国内では実際の違反事例は出ていないものの、 想定例 13 に類似する事例について、EUでは競争法違反が認定された自動車会社に制裁金が賦課された事例としてアドブルー事件（ column 「EUにおけるアドブルー事件」参照）が存在する。

他方、想定例 12 及び 想定例 14 の解説について、一定の条件下においては独占禁止法上問題とならないことがある旨が令和 6 年改定により追記されているとおり、これらの行為に該当する場合であっても、競争制限効果が限定的であると認められる場合には、独占禁止法上問題とならないこともある。この点については、グリーンガイドラインの次の項目で詳述されている。

---

column **EU におけるアドブルー事件**[6]

　欧州委員会は、2021 年 7 月 8 日、ダイムラー、BMW、フォルクスワーゲン、アウディ及びポルシェの欧州の自動車メーカー 5 社が、窒素酸化物（NOx）の浄化装置の技術開発を制限するカルテルを行っていたとして、このカルテルを自主申告したダイムラーを除く 4 社に対し、総額 8 億 7518 万 9000 ユーロ（約 1400 億円）の高額な制裁金を賦課した。

　5 社は、5 年以上にわたり、ディーゼル乗用車から排出される NOx を尿素（アドブルー）を用いて除去する選択触媒還元技術の開発について定期会合をもって話し合っていた。これにより、5 社は、法律上要求された基準を超える NOx 排出量の浄化が可能だったにもかかわらず、当該技術開発に関する競争を制限していた。具体的には、5 社は、車両に搭載するアドブルーのタンクサイズについて合意し、アドブルーの補充間隔について共通の理解に達するとともに、今後の新型モデルにおけるアドブルーのタンクサイズ、アドブルーの補充間隔、アドブルーの平均予想消費量に係るセンシティブ情報を交換していた。

　本件について、ヴェステアー欧州委員会上級副委員長は、「欧州が壮大なグリーンディール目標を達成するためには、自動車の汚染管理に関する競争とイノベーションが不可欠である。本決定は、この目標を危うくするあらゆる形態のカルテルに対して、我々が躊躇なく行動を起こすことを示している。」とコメントした。

　本件のように、EU においては、グリーン社会の実現のための取組であればどのようなものであっても競争法の適用を緩和しているのではなく、一見、グリーン社会の実現のための取組に見える共同行為であっても、互いの技術開発を制限するような競争制限行為、いわゆる「グリーンウォッシュ」（見せかけのグリーン社会の実現のための取組）に対しては、厳正に対処している。

---

6)　2021 年 7 月 8 日付け欧州委員会プレスリリース（https://ec.europa.eu/commission/presscorner/detail/en/ip_21_3581）参照。

一方、競争制限を目的としない、脱炭素のための設備更新、技術開発等のために必要な共同の取組であって、それらを実現するためにより競争制限的でない他の代替手段がないものについては、重要な競争手段である事項についての情報交換や、それらを制限する行為（生産量の制限等の行為）であったとしても、そのことのみから直ちに独占禁止法上問題となるとは判断されず、当該取組の市場に対する競争制限効果が限定的であり、「一定の取引分野における競争の実質的制限」が生じないと認められる場合には、独占禁止法上問題とならない。

　ここで、市場に対する競争制限効果が限定的であり、「一定の取引分野における競争の実質的制限」を生じないと認められるか否かについては、個別事案ごとに、主に以下の要素を総合的に考慮して検討が行われる。これらの要素は全て認められる必要はなく、一つの要素のみが認められる場合であっても「一定の取引分野における競争の実質的制限」を生じないと認められることもある。ただし、実際には複数の要素を総合的に考慮する必要がある場合が多いため、脱炭素のための共同の取組として重要な競争手段である事項についての情報交換や、それらを制限する行為を計画するときには、特に、公正取引委員会への相談を活用することが望ましい。

① 　共同の取組を行う事業者の市場シェアが小さく、有力な競争者が存在すること

② 　海外の事業者の日本向け輸出への具体的な計画があることや、海外の有力な事業者が生産能力を増強しており、日本向けの輸出の開始や増加の可能性が高まっていること等の事情を踏まえ、海外からの輸入による競争圧力が認められること

③ 　参入が容易であり、共同の取組を行う事業者が商品の価格を引き上げた場合に、より低い価格で当該商品を販売することにより利益を上げようとする参入者が現れる蓋然性がある等、新規参入による競争圧力が認められること

④ 　共同の取組の対象となる商品と類似の効用を持つ商品の市場において活発な競争が行われている等、隣接市場からの競争圧力が認められること

⑤ 　需要者が、共同の取組を行う事業者に対して対抗的な交渉力を有している等、需要者からの競争圧力が認められること

　このほか、競争制限を目的としない、脱炭素のための設備更新や技術開発等のために必要な共同の取組であって、それらを実現するためにより競争制限的でない他の代替手段がないものについては、一時的に競争制限が生じる場合であっても、当該取組を行う事業者のその後の競争に影響がないといえるときには、競争制限効果が限定的であると認められ、「一定の取引分野における競争

の実質的制限」を生じず、独占禁止法上問題とならないと判断される場合がある。例えば、温室効果ガス排出量が少ない新商品について競争していくことを目的として、温室効果ガス排出量が多い既存商品の販売を取りやめることで需要者を啓発するために、競争者間において、当該既存商品の製造販売を一時的に制限する行為は、こうした場合に該当する可能性がある。

解説

　行為の外形が「独占禁止法上問題となる行為」に該当する場合であっても、独占禁止法上問題とならないことはある。どのような場合に独占禁止法上問題とならないのか、令和6年改定により追加された記載がこの部分の説明である。

　具体的には価格の引上げや生産数量の縮小といった競争制限を目的とするものではなく、温室効果ガスを削減するために必要な取組であり、かつ、より競争制限的でない他の代替手段がないものについては、重要な競争手段である事項についての情報交換であったり、それらを制限する行為であったとしても、市場に対する競争制限効果が限定的であり、「一定の取引分野における競争の実質的制限」が生じないと認められる場合には、独占禁止法上問題とならないこととなる。

　ここで、まず、「競争制限を目的としない」ということについては、競争制限効果が見込まれるからといって直ちに競争制限を目的とするものであると判断されるものではなく、脱炭素のための設備更新、技術開発等のために必要な共同の取組であれば、これに該当するものと考えられる。次に、「より競争制限的でない他の代替手段がない」ということについては、当該取組に参加する事業者の現実の事業条件を前提とした上、同等の脱炭素効果を有し、コストや人員等の要素を踏まえて実際に採り得る代替的手段との比較によって判断される。そして、市場に対する競争制限効果が限定的であり、「一定の取引分野における競争の実質的制限」が生じないと認められる場合については、実際に認定される場合も多いと考えられる五つの主な要素として、①有力な競争者の存在、②輸入圧力の存在、③参入圧力の存在、④隣接市場からの競争圧力の存在及び⑤需要者からの競争圧力の存在が挙げられている。

　なお、これらのうち④隣接市場からの競争圧力の存在については、例えば、

温室効果ガス削減に寄与する新規商品と既存商品とは区別して一定の取引分野を構成するものとして重層的に市場が画定され得るが、このような場合において、新規商品の市場と既存商品の市場が隣接市場として相互にある程度競争上の影響を及ぼし得ることがあるため、既存商品について、新規商品の市場における競争を促進する要素として評価できることや、新規商品について、既存商品の市場における競争を促進する要素として評価できることがある旨の説明が記載されている。例えば、再生可能エネルギーを用いて発電した電力に限定した電力と火力を中心とした化石燃料を用いて発電した電力も含む電力や、電動自動車とガソリン自動車のような商品の市場については、需要者の行動や市場の動向を踏まえ、隣接市場として相互にある程度競争上の影響を及ぼすことも考えられる。また、⑤需要者からの競争圧力については、需要者の商品の市場における競争が活発であるときのほか、需要者が、ある供給者から他の供給者への供給先の切替えを行うことが容易であり、切替えの可能性を当該供給者に示すことによって価格交渉力が生じているときや、市場の縮小により、当該商品の需要が減少して継続的構造的に需要量が供給量を大きく下回る状況が認められるときには、需要者からの競争圧力があると認められる場合があると考えられる。さらに、需要者が容易に内製に転換できる場合にも、需要者からの競争圧力が認められる場合がある。

　これらの①から⑤までの要素については、全て認められる必要はなく、一つの要素のみが認められる場合であっても、それが強力な牽制力として働く場合においては「一定の取引分野における競争の実質的制限」を生じないと認められることもあると考えられる。ただし、実際には複数の要素を総合的に考慮する必要がある場合が多いため、脱炭素のための共同の取組として重要な競争手段である事項について情報交換を行ったり、それらを制限する行為を計画したりするときには、特に、公正取引委員会への相談を活用することが望ましいとされている。

　また、ここでいう「一定の取引分野」の画定については、**第4の2(1)**記載の企業結合に係る「一定の取引分野」の画定と同様の方法により行われる。過去の企業結合審査における一定の取引分野の画定の例については、公正取引委員会ウェブサイト内の「一定の取引分野の例」に関する資料[7]を参照することにより、どのような一定の取引分野が画定される可能性が高いのか

（例えば、地理的範囲について、日本全国が一定の取引分野になるのか、それとも、全世界が一定の取引分野になるのか等）を予測することが可能である。

　このほか、競争制限について一時的にのみ生じる場合についても、競争制限効果が限定的であると認められ、「一定の取引分野における競争の実質的制限」を生じず、独占禁止法上問題とならないと判断される場合があるとの説明が令和6年改定により追記されている。グリーンガイドラインにこのような場合についての想定例は置かれていないが、具体的な事例として、EUにおけるCECED事件（ **column** 「EUにおけるCECED事件」参照）が参考となると考えられる。

---

column　**EUにおけるCECED事件**[8]

　本件は、欧州の家電メーカーの団体であるCECEDが、1998年1月1日以降、会員家電メーカーが、電力消費効率の悪い洗濯機の製造・輸入を行うことを禁止した行為について、欧州委員会が、1999年1月、当時のEC条約81条3項（現在のEU機能条約101条3項）に基づき、EC条約81条1項（現在のEU機能条約101条1項）に違反しないと判断した事件である。

　洗濯機は、一般に、電力消費効率が良いほど価格が高くなるため、家電メーカーが、電力消費効率が悪い一方、価格が安い洗濯機の販売を続けた場合、一部の消費者は、価格の安さにつられて、電力消費効率が悪い洗濯機を購入してしまう。これに対応するため、CECEDは、前記のとおり、会員家電メーカーによる電力消費効率が悪い（かつ価格が安い）洗濯機の製造・輸入を禁止した。

　EC条約81条3項は、同条1項に違反する行為に対し、個別適用免除を付与する条項であるが、個別適用免除を付与するに当たっては、次の四つを要件としている。すなわち、①経済又は技術的発展に寄与すること、②消費者に利益を公正に分配すること、③目的達成のために制限が不可欠であること、④競争の排除がないこと、の四つである。

　本件について、欧州委員会は、CECEDの行為がこれら四つの要件を満たすと判断し、個別適用免除を付与した。このうち、「競争の排除がないこと」の

---

7)　公正取引委員会ウェブサイト内の企業結合に関する統計・資料のページ（https://www.jftc.go.jp/dk/kiketsu/toukeishiryo/index.html）にリンクが掲載されている。

8)　1999年1月24日付け欧州委員会決定（https://eur-lex.europa.eu/legal-content/EN/TXT/PDF/?uri=CELEX:32000D0475）参照。

要件については、欧州委員会は、4年を期間として本件行為に適用除外を付与したところ、電力消費の悪い洗濯機に対する消費者の需要は、当該期間の経過を待たずして存在しなくなり、もって、「競争制限行為」に該当しなくなると認めている。

このため、本件は、一時的な競争制限であれば、前記の四つの要件のうちの「競争の排除がないこと」に該当し、EU競争法に違反しないと判断された先例とされている。

● 独占禁止法上問題とならない行為の想定例

想定例15 競争者との情報交換②

商品Aの製造販売業者X、Y及びZの3社は、商品Aの製造過程で排出される温室効果ガス削減を目的として、商品Aの共同生産を検討していたところ、検討に当たって、3社は、各社の商品Aの生産数量について情報交換を行った。各社の人員等の状況から、情報遮断措置を採ることは不可能であることから、より競争制限的でない他の代替手段がない。しかし、商品Aの製造販売業者には他に有力な競争者であるV及びWが存在し、商品Aの需要者の購買力は強く、かつ、商品Aの隣接市場からの競争圧力が強いため、3社の情報交換により、一定の取引分野における競争の実質的制限が生じるとは認められない。

[解説]

この行為は、生産数量という重要な競争手段である事項について制限する行為と認められるおそれがある。しかしながら、共同生産により温室効果ガス削減を実現するために必要な情報交換であって、より競争制限的でない他の代替手段がなく、3社のほかに有力な競争者が存在する等のために市場に対する競争制限効果が限定的であり、「一定の取引分野における競争の実質的制限」を生じない場合には、独占禁止法上問題とならない。

想定例16 生産設備の共同廃棄②

商品Aの製造販売業者Xは、商品Aの製造過程で排出される温室効果ガス削減を目的として、既存の生産設備を温室効果ガス排出量が少ない新技術を用いる新たな生産設備へ転換することを検討していた。Xは、様々な方策を検討したが、商品Aの製造販売業者Y及びZと共同して生産設備の転換を行うことが温室効果ガスを実効的に削減するために必要と判断したところ、より競争制限的でない他の代替手段がないことから、Y及びZと相互に連絡を取り合い、既存の生産設備を廃棄する時期や廃棄する生産設備の対象を共同して決定

した。しかし、商品Ａの製造販売業者には３社の他に有力な競争者であるＶ及びＷが存在し、かつ、商品Ａの海外からの輸入の競争圧力が強いため、３社の生産設備の共同廃棄により、一定の取引分野における競争の実質的制限が生じるとは認められない。

[解説]

　この行為は、重要な競争手段である設備の廃棄時期等について制限する行為である。しかしながら、生産設備の転換によって温室効果ガス削減を実現するために必要な行為であって、より競争制限的でない他の代替手段がなく、３社のほかに有力な競争者が存在する等のために市場に対する競争制限効果が限定的であり、「一定の取引分野における競争の実質的制限」を生じない場合には、独占禁止法上問題とならない。

解説

　令和６年改定により追加された説明に加えて、生産数量についての情報交換や生産設備の共同廃棄であっても独占禁止法上問題とならない場合の想定例が二つ挙げられている。これらの行為については、 想定例 14 及び 想定例 12 において、「独占禁止法上問題となる」場合が説明されているが、どのような場合であれば「独占禁止法上問題とならない」のか、追加的な要素等により説明がなされている。具体的には、 想定例 15 においては、①有力な競争者の存在、④隣接市場からの競争圧力の存在及び⑤需要者からの競争圧力の存在を前提として問題とならない場合が説明されている。一方、 想定例 16 については、①有力な競争者の存在及び②輸入圧力の存在を前提として問題とならない場合が説明されている。前述のとおり、これらの要素は一つの要素のみが認められる場合であっても問題とならない場合もあるものの、複数の要素を総合的に考慮する必要がある場合も多いため、このような想定例が記載されているものと考えられる。想定例はあくまで例示であるから、各想定例に記載された考慮要素の種類や数それ自体は重要ではなく、実際には、各事例において考慮可能な要素の存在とそれらの持つ牽制力の程度を踏まえた判断がなされると考えられる。

　なお、 想定例 16 については、周南コンビナートにおける共同の取組の事例（ column 「周南コンビナートにおける共同の取組に係る相談事例」参照）が記載の基礎となっている。

3 独占禁止法上問題とならないよう留意を要する行為

> 3 独占禁止法上問題とならないよう留意を要する行為
>
> 　事業者等のグリーン社会の実現に向けた共同の取組には、商品又は役務の種類、品質、規格等に関する自主的な基準の設定や、他の事業者との関係を強化し共同で業務を遂行する業務提携が挙げられる。これらの取組は、多くの場合、競争を制限するものではなく、また、競争促進効果を有するため、独占禁止法上問題とならない。しかしながら、重要な競争手段である事項について制限する行為など、例外的に独占禁止法上問題となる場合がある。
>
> 　したがって、このような競争促進効果を有する共同の取組については、基本的に、当該取組の目的の合理性及び手段の相当性（より制限的でない他の代替的手段があるか等）を勘案しつつ、当該取組から生じる競争制限効果及び競争促進効果を総合的に考慮して独占禁止法上問題となるか否かを検討することとなる。この際、競争制限効果の程度によっては、慎重な検討が必要とされる。
>
> 　行為の類型ごとに、具体的にどのような事実を考慮要素として検討するかは異なることから、以下、行為類型ごとの考え方を示す。

解説

　共同の取組のうち、価格、生産数量等の重要な競争手段である事項を制限せず、一定の競争制限効果を有するとともに、競争促進効果を有するものに係る独占禁止法上の考え方を説明している。すなわち、当該考え方の基本的な枠組みとしては、「当該取組の目的の合理性及び手段の相当性（より制限的でない他の代替的手段があるか等）を勘案しつつ、当該取組から生じる競争制限効果及び競争促進効果を総合的に考慮して独占禁止法上問題となるか否かを検討する」とされている。このうち、前記「はじめに」2のとおり、最終製品又はその部品として、製造段階又は使用段階において温室効果ガス削減に資する商品を生み出す取組は、通常、競争促進効果を有すると評価されると考えられる。

　ここで、取組の競争制限効果の程度について、市場に対する競争制限効果が限定的であり、「一定の取引分野における競争の実質的制限」を生じないと認められるか否かについては、前記2の「●独占禁止法上問題となる行為」に係る検討要素と同様の検討要素により判断することができるとされて

いる。すなわち、①有力な競争者の存在、②輸入圧力の存在、③参入圧力の存在、④隣接市場からの競争圧力の存在、⑤需要者からの競争圧力の存在の五つの検討要素である。

　また、以下で挙げられている「独占禁止法上問題となる行為の想定例」の中には、競争制限効果と競争促進効果を有する取組だけでなく、競争制限効果のみを有すると考えられる取組も含まれる。このような取組については、前記2の「独占禁止法上問題となる行為」の考え方を踏まえて判断される。

(1)　自主基準の設定

(1)　自主基準の設定

　　グリーン社会の実現に向けた取組として、事業者等が、温室効果ガス削減を目的として、商品又は役務の種類、品質、規格等に関連して推奨される基準を策定するなど、商品又は役務の供給等の事業活動に係る自主的な基準（以下「自主基準」という。）を定めることが考えられる（以下「自主基準の設定」という。）。自主基準の設定は、例えば、グリーン社会の実現に向けた取組としての規格の統一のように、当該規格を採用した商品の市場の迅速な立上げや需要の拡大といった競争促進効果がみられる場合もあり、独占禁止法上問題なく実施することができる場合も多い。

　　一方、自主基準の設定が、競争手段を制限し需要者の利益を不当に害する場合や、事業者間で不当に差別的であるなどの場合には競争制限効果が生じるため、自主基準の内容や実施の方法によっては、独占禁止法上問題となる場合もある。

　　自主基準の設定が、独占禁止法上問題となるか否かの検討に当たっては、個別具体的な事案に即して、次のような検討が行われる。まず、競争制限効果の有無及び程度を確認する。競争制限効果がない場合は独占禁止法上問題とはならず、競争制限効果が認められる場合は、取組の目的の合理性及び手段の相当性を勘案しつつ、競争制限効果及び競争促進効果について総合的に考慮して、市場における競争を実質的に制限すると判断されるときには、独占禁止法上問題となる。この総合的な考慮においては、①競争手段を制限し需要者の利益を不当に害するものではないか、②事業者間で不当に差別的なものではないか、及び③社会公共的な目的等正当な目的に基づいて合理的に必要とされる範囲内のものかが、必要に応じて勘案される。

　　例えば、自主基準の設定により、特定の商品等の開発や供給を制限して競

争手段を制限することで、需要者の利益を不当に害する場合、独占禁止法上問題となることがある。また、差別的な内容の自主基準の設定や自主基準の利用の制限は、事業者団体における差別取扱い等に該当して、多様な商品又は役務の開発・供給等に係る競争を阻害することとなる場合には、独占禁止法上問題となることがある。さらに、自主基準の利用・遵守については、構成事業者の任意の判断に委ねるべきであって、自主基準の強制は独占禁止法上問題となることがある。

　また、自主基準の設定に付随して、価格等の重要な競争手段である事項について制限する行為が行われた場合は独占禁止法上問題となる。

解説

　グリーン社会の実現に向けた取組としての自主基準の設定に係る独占禁止法上の考え方について、総論が述べられている。ここでは、事業者等が、温室効果ガス削減を目的として、商品又は役務の種類、品質、規格等に関連して推奨される基準を策定するなど、商品又は役務の供給等の事業活動に係る自主基準を定める場合のほか、事業者が、事業者団体等において策定された基準に適合する商品又は役務を供給し又は供給を受けることについて認証・認定等を受け、それを証する表示を行う場合（事業者団体ガイドライン第2の7(2)イ）についての考え方を示している。そのため、以下では、当該認証・認定等も含めて「自主基準の設定」と称している。

　グリーン社会の実現に向けた取組については、脱炭素効果についての消費者への情報提供が重要となることが考えられるので、規格が統一されている方が望ましく、独占禁止法上問題なく実施することができる場合も多い（リサイクルガイドライン第2の2及び「標準に伴うパテントプールの形成等に関する独占禁止法上の考え方」（平成17年6月29日公正取引委員会。以下「標準化・パテントプールガイドライン」という。）第2の2も参照）。一方、自主基準の設定が、競争手段を制限し、需要者の利益を不当に害する場合、例えば、自主基準の設定が、温室効果ガスの削減という正当な目的に照らして合理的に必要とされる範囲を超え、自主基準の対象となる商品又は役務に係る競争手段を制限し需要者の利益を損なう場合や、事業者間で不当に差別的であるなどの場合（標準化・パテントプールガイドライン第2の2も参照）には競争制限効果が生じるため、自主基準の内容や実施の方法によっては、独占禁止法

上問題となる場合もある。

　この際の総合的な考慮においては、①競争手段を制限し需要者の利益を不当に害するものではないか、②事業者間で不当に差別的なものではないか、及び③社会公共的な目的等正当な目的に基づいて合理的に必要とされる範囲内のものかが、必要に応じて勘案される（事業者団体ガイドライン第2の7(2)アも参照）。また、自主基準の利用・遵守については、構成事業者の任意の判断に委ねるべきであるから、自主基準の強制は独占禁止法上問題となることがある（事業者団体ガイドライン第2の7及び8も参照）。

　グリーンガイドライン中の「市場における競争を実質的に制限する」とは、「市場が有する競争機能を損なうこと」をいい、例えば、「一定の入札市場における受注調整の基本的な方法や手順等を取り決める行為によって競争制限が行われる場合には、当該取決めによって、その当事者である事業者らがその意思で当該入札市場における落札者及び落札価格をある程度自由に左右することができる状態をもたらすこと」をいう（最判平成24年2月20日民集66巻2号796頁）。

● 独占禁止法上問題とならない行為の想定例

> **想定例 17**　温室効果ガス削減に向けた事業活動に関する一般的な活動指針の策定
>
> 　役務Aの提供については、所管官庁は、温室効果ガス削減に関して法令上の義務を事業者に対して課していない。役務Aを提供する事業者により構成される事業者団体Xは、役務Aの提供に当たって排出される温室効果ガスの削減を目的として、役務Aの脱炭素化に当たって望ましい事業活動の在り方について自主的な基準を設定し、会員事業者各社が可能な範囲で取り組むことを推奨することとした。当該基準には、価格等の重要な競争手段である事項に関する内容を含まない。
>
> **想定例 18**　温室効果ガス削減に向けた商品又は役務の規格の設定①
>
> 　商品Aの製造過程では、原材料Bを使用することにより多量の温室効果ガスが排出されることから、原材料Bに代えて原材料Cを使用し温室効果ガス排出量を削減することが望ましいことが明らかになっている。そこで、商品Aの製造販売業者X、Y及びZは、商品Aの製造過程において排出される温室

効果ガスの削減に業界として取り組むため、原材料Ｂに代えて原材料Ｃを使用する商品Ａの規格を設定し、同規格に適合する商品Ａについては、脱炭素化に対応する商品であることを示す認証ラベルを付して各社が販売できることとした。

原材料Ｃを使用することにより一定のコスト増が見込まれるが、原材料Ｃを使用した商品Ａは従前よりも耐久性の向上や軽量化等の明らかな品質の向上が認められる。また、温室効果ガス削減のために原材料Ｂに代えて使用できる原材料はＣ以外には存在しない状況にある。

［解説］

この行為については、温室効果ガス削減という社会公共的な目的に合理性が認められる。また、商品規格の設定という手段は競争促進的であり、原材料Ｃ以外に脱炭素化に対応する規格として採用できる原材料はないため、手段の相当性が認められる。原材料Ｃの使用により一定のコスト増が見込まれ、商品Ａの価格上昇につながるおそれも考えられるが、明らかな品質の向上が達成され、需要者の利益を不当に害するものでなければ、総合的に考慮し、独占禁止法上問題なく実施することができる。

想定例 19　温室効果ガス削減に向けた商品又は役務の規格の設定②

役務Ａの提供に当たっては、通常、原材料Ｂを用いた容器に入れられた消耗品Ｃが頻繁に使用されているところ、原材料Ｂに代えて原材料Ｄを用いた容器を使用することが温室効果ガス排出量の削減につながることが明らかになっている。そこで、役務Ａを提供する事業者Ｘ、Ｙ及びＺは、消耗品Ｃの使用に伴う温室効果ガス排出量を削減するため、役務Ａの提供に当たって使用する消耗品Ｃについては、原材料Ｄを用いた容器とすることが望ましいとする自主的な基準を設定し、今後、各社はできる限り原材料Ｄを用いた容器に入れられた消耗品Ｃに切り替えていくことを決定した。

原材料Ｄを用いた容器に切り替えることにより一定のコスト増が見込まれるが、役務Ａの提供に係るコストに占める消耗品Ｃのコストの割合は極めて小さい。

想定例 20　温室効果ガス排出量の統一的な算定基準の設定

商品Ａの製造販売業者により構成される事業者団体Ｘは、会員事業者各社による温室効果ガス排出量削減の見える化を支援するため、商品Ａの製造過程で排出される温室効果ガス排出量の統一的な算定基準を設定した。当該算定基準を用いるかどうかは、会員事業者各社の判断に委ねられている。

解説

　グリーン社会の実現に向けた取組としての自主基準の設定が独占禁止法上問題とならない場合としては様々なものが考えられるが、ここでは四つの想定例が挙げられている。これらのうち、想定例17 は、価格等の重要な競争手段である事項に関する内容を含まない自主的な基準を設定する場合であるため問題とならない。この想定例に類似する相談事例として、「独占禁止法に関する相談事例集（平成 24 年度）」の事例 9[9]がある。当該事例は、建築資材メーカーを会員とする団体が、地球温暖化防止を目的として、温室効果を有さない新型品の商品化に伴い、温室効果を有する化学物質を原材料とする建築資材の製造販売を停止するよう取り決めることについて、独占禁止法上問題となるものではないと回答した事例である。想定例18 は、やや難しい事例であるため解説が付されているが、目的の合理性、手段の相当性が認められつつ、規格の設定という競争促進的な行為が行われる場合であるため問題とならない。想定例19 は、商品又は役務の提供に係るコストに占める割合が小さい事項について自主的な基準が設定される場合であるため問題とならない。想定例20 は、温室効果ガス排出量の統一的な算定基準を設定しつつ、当該算定基準の使用を任意としている場合であるため問題とならない。この想定例に類似する相談事例として、「独占禁止法に関する相談事例集（平成 28 年度）」の事例 10[10]がある。当該事例は、化学製品メーカーを会員とする事業者団体が、ガイドラインを策定し、会員が化学製品の製造に係るエネルギー消費量を表示する場合には特定の算出方法を用いる旨を定めることについて、独占禁止法上問題となるものではないと回答した事例である。このように、競争制限効果がない場合、又は、競争制限効果が存在する場合であっても、その程度が軽微であって、取組の目的の合理性及び手段の相当性を勘案しつつ、競争制限効果及び競争促進効果を総合的に考慮して、市場における競争を実質的に制限すると判断されないときには、独占禁止法上問題とならない。

　9）　詳細については、「独占禁止法に関する相談事例集（平成 24 年度）」事例 9（https://www.jftc.go.jp/dk/soudanjirei/h25/h24nendomokuji/h24nendo09.html）参照。
　10）　詳細については、「独占禁止法に関する相談事例集（平成 28 年度）」事例 10（https://www.jftc.go.jp/dk/soudanjirei/h29/h28nendomokuji/h28nendo10.html）参照。

●独占禁止法上問題となる行為の想定例

想定例 21　自主基準の設定に伴う価格等の制限行為

　商品Ａの製造販売業者Ｘ、Ｙ及びＺの３社は、商品Ａの製造に当たって排出される温室効果ガスの削減を目的として、商品Ａの製造について脱炭素化に向けて望ましい事業活動の在り方を自主的な基準として設定した。需要者から脱炭素化への対応と並行して毎年一定の価格低減要請を受けている３社は、需要者との厳しい価格交渉状況を改善するため、当該自主基準において、商品Ａの価格に転嫁すべきコストの目安を定めた。

想定例 22　事業者間の競争に影響を与える可能性がある自主基準の厳格な運用

　役務Ａを提供する事業者により構成される事業者団体Ｘは、カーボンニュートラルへの貢献のため、役務Ａの提供に当たって作業Ｂをできるだけ行わないことが温室効果ガス削減につながる旨に言及しつつ、作業Ｂを実施するかどうかは会員事業者の判断に委ねるとした、役務Ａの提供に関する自主的な基準を策定した。しかし、Ｘは、当該自主基準を踏まえて、今後会員事業者は役務Ａの提供に当たって一律に作業Ｂを実施しないこととする文書を作成し、需要者に対して発出した。

　作業Ｂを実施するかどうかは、役務Ａの需要者が取引先を選択する際の考慮要素であり、役務Ａの提供事業者にとって競争手段の一つになっており、前記文書の作成によりＸの会員事業者間の競争が制限され、需要者の利益が損なわれる状況にある。

想定例 23　一部の事業者に対して差別的な内容を含む商品又は役務の規格の設定

　商品Ａの製造販売業者により構成される事業者団体Ｘは、原材料Ｂに代えて、温室効果ガスを一定程度削減できる原材料Ｃを使用した商品Ａの規格を設定し、同規格に適合する商品Ａについては、脱炭素化に対応する商品であることを示す認証ラベルを付すことができることとした。しかし、原材料Ｃと同程度の温室効果ガスを削減することが明らかな原材料Ｄについては、Ｘの会員事業者のうち少数でしか用いられていないことのみを理由に、当該規格を満たす原材料として認めなかった。原材料Ｄを用いた商品Ａの製造販売を計画していた会員事業者は、脱炭素化に対応する商品であることを示す認証ラベルを付すことができず、認証ラベルを付した会員事業者との間で競争上不利となり、需要者に対する販売数量を減少させる状況にある。

想定例 24 温室効果ガス排出量の削減目標の設定に伴う設備等の利用制限

　役務Aを提供する事業者により構成される事業者団体Xは、役務Aの提供に当たって排出される温室効果ガス削減を目的として、会員事業者が毎年度削減する温室効果ガス排出量の統一目標を設定し、当該目標を達成できない場合には、役務Aの提供に当たって必要となるXが管理する設備を今後使用させないこととした。

[解説]

　この行為については、温室効果ガス削減という社会公共的な目的に合理性が認められる。しかし、事業者団体において、温室効果ガス排出量の自主的な削減目標の設定を超えて、会員事業者の事業活動に必要な設備の利用制限という不利益を課すことは、会員事業者の事業活動に与える影響が小さい方法がほかにも考えられることを踏まえると、単に会員事業者の目標達成を促すために必要かつ合理的な範囲を超えるため、手段の相当性が認められない。したがって、独占禁止法上問題となる。

解説

　グリーン社会の実現に向けた取組としての自主基準の設定が独占禁止法上問題となる場合として、ここでは四つの想定例が挙げられている。これらのうち、**想定例 21** は、複数の事業者が、自主基準において、商品の価格に転嫁すべきコストの目安を定めた場合であるため問題となる。**想定例 22** は、自主基準の厳格な運用により、事業者間の競争が制限される場合であるため問題となる。**想定例 23** は、差別的な規格の設定により、一部の事業者が競争上不利となる場合であるため問題となる。**想定例 24** は、やや難しい事例であるため解説が付されているが、一部の事業者に対し、役務の提供に当たって必要となる設備の利用を制限することにより、手段の相当性が認められない場合であるため問題となる。**想定例 24** の解説のいう「影響が小さい方法」には、設備の利用料の目標達成までの引上げや、当該会員事業者名の公表等、会員事業者の役務Aの提供継続を可能としつつ、目標達成のインセンティブの確保を可能にする様々な方法が想定される。このように、自主基準の設定について、①特定の商品等の開発や供給を制限することで、需要者の利益を不当に害する場合、②差別的な内容の自主基準の設定や自主基準の利用の制限により、多様な商品又は役務の開発・供給等に係る競争を阻害

することとなる場合、③自主基準の利用・遵守が強制される場合等には、独占禁止法上問題となることがある（グリーンガイドライン第1の3(1)本文参照）。

(2) 業務提携

ア 基本的な考え方

(2) 業務提携

  ア 基本的な考え方

    事業者は、グリーン社会の実現に向けた取組として、他の事業者との関係を強化し共同で業務を遂行する、業務提携を行うことが考えられる。業務提携は、それが競争に与える影響の分析の観点から、主に、競争関係にある事業者と行われる「水平的な業務提携」と、サプライチェーン内において取引先事業者と共同して取り組むなどの「垂直的・混合的な業務提携」の二つに分類することができる。以下では、水平的な業務提携について説明する。

    なお、垂直的・混合的な業務提携については、提携当事者は競争関係にないことから、水平的な業務提携とは異なり、提携当事者間の競争関係に係る論点は生じない。しかし、垂直的・混合的な業務提携によって提携当事者の行動が一体化されることとなる場合には、顧客閉鎖や投入物閉鎖の問題が生じ得ることから、まず、提携当事者の事業活動の一体化の程度について検討することとなる。提携当事者の事業活動の一体化の程度について評価する際には、主に①提携当事者内での閉鎖性の程度（提携当事者以外の者との取引を自由に行うことができるか）、②情報交換・共有による閉鎖性の程度（提携当事者のうち一方の競争者であり、かつ、もう一方の提携当事者の顧客でもある事業者の情報が提携当事者間で共有され、競争関係にある提携当事者が当該事業者に対して有利にならないか）、③実施期間など業務提携の広がりを総合的に勘案することとなるとしている。また、提携当事者間で、一方当事者の競争者に係る競争上重要な情報が交換・共有されると、当該一方当事者が当該競争者の行動を予測しやすくなることから、当該競争者との協調的な行動を助長しやすくなる。提携当事者間で閉鎖性・排他性等が生じる場合には、水平的な業務提携と同様、市場全体に与える影響を検討し、独占禁止法上問題となるか否かを判断する。

    業務提携は、グリーン社会の実現に資する革新的な技術の開発や効率的な資源活用による温室効果ガス削減などを目的として実施される場合、競

争制限効果を持たないことも多く、むしろ競争促進効果が期待されること
もあるため、こうした場合の業務提携については独占禁止法上問題とならな
ないことが多い。一方、業務提携は提携当事者間の事業活動の一体化がある
る程度進むものであることから、その内容や市場の状況によっては、本来
提携当事者間で期待される競争が失われることにより、業務提携が競争制
限効果を持ち、独占禁止法上問題となる場合もある。

　業務提携が独占禁止法上問題となるか否かについては、業務提携の類型
別に具体的にどのような事実を考慮要素として検討するかが異なることか
ら、後記イにおいて、共同研究開発、技術提携、標準化活動、共同購入、
共同物流、共同生産及びOEM（特定の事業者への生産の委託。以下同
じ。）、販売連携、並びにデータ共有のそれぞれについての考え方を示す。

　一方、これらの類型に当てはまらないものを含む業務提携一般につい
て、独占禁止法上問題となるか否かを判断する際しては、個別具体的な
事案に即して、次のような検討が行われる。まず、競争制限効果の有無及
び程度を確認する。競争制限効果がない場合は独占禁止法上問題とはなら
ず、競争制限効果が認められる場合は、取組の目的の合理性及び手段の相
当性を勘案しつつ、当該取組から生じる競争制限効果及び競争促進効果に
ついて総合的に考慮して、市場における競争を実質的に制限すると判断さ
れるときには、独占禁止法上問題となる。

　業務提携一般における競争制限効果の検討に当たっては、業務提携が提
携当事者間の競争に与える影響を確認する。提携当事者間の競争に与える
影響が小さい場合は、市場における競争に与える影響も小さく、当該業務
提携は独占禁止法上問題なく実施することができる。他方、提携当事者間
の競争が制限される場合には、市場全体に与える影響を検討し、独占禁止
法上問題となるか否かを判断する。

⑺　提携当事者の競争に与える影響の検討

　　具体的には、提携当事者間における事業活動の一体化の程度に着目
し、業務提携によって提携当事者間の競争がどの程度制限されるか検討
する。この検討に当たっては、主に以下の判断要素を総合的に勘案す
る。

①　重要な競争手段（価格等）に係る意思決定の一体化の程度

　　生産・販売等の多段階での包括的提携や、各提携当事者のコスト構
造の共通化割合が高い場合には、価格や生産数量といった重要な競争
手段に係る意思決定の一体化が図られる可能性があり、留意を要す

る。
②　協調的な行動を助長する可能性
　　競争者の行動を予測しやすい市場において、各提携当事者のコスト構造の共通化割合が高い場合には、協調的な行動が助長されやすくなる。
③　実施期間など業務提携の広がり
　　一般的に、業務提携の広がりが大きい場合には、競争に与える影響が大きい。

(イ)　市場全体に与える影響の検討
　　前記(ア)の検討の結果、提携当事者間の競争が制限されることが確認された場合には、当該業務提携が市場全体に与える影響について検討する。この検討に当たっては、主に以下の判断要素を総合的に勘案する。
・　提携当事者が一体化して行動することによる影響
　　一般的に、①市場シェア及び順位、②提携当事者間の従来の競争の状況、③競争者の市場シェアとの格差（有力な競争者の存在）、④競争者の供給余力及び商品の差別化の程度、⑤輸入圧力、参入圧力、隣接市場からの競争圧力、⑥需要者からの競争圧力、⑦総合的な事業能力、並びに⑧効率性が、総合的に勘案される。
・　提携当事者が競争者と協調的な行動を採る可能性
　　一般的に、①競争者の数等、②提携当事者間の従来の競争の状況、③提携当事者や競争者の供給余力、④取引条件等の情報の入手の容易性、⑤過去の競争の状況、⑥輸入圧力、参入圧力、隣接市場からの競争圧力、及び⑦効率性が、総合的に勘案される。

解説

　業務提携については、従来、一般的なガイドラインは策定されていなかったところ、グリーンガイドラインでは、グリーン社会の実現に向けた取組としての業務提携に係る独占禁止法上の考え方について総論が述べられており、これは、業務提携一般についての独占禁止法上の考え方の参考となるものである。

　なお、水平的な業務提携及び垂直的・混合的な業務提携に関する独占禁止法上の考え方については、「業務提携に関する検討会」報告書（令和元年7月10日公正取引委員会競争政策研究センター。以下「業務提携報告書」という。）

が参考になるが、以下では、水平的な業務提携について説明する（垂直的・混合的な業務提携については、業務提携報告書第5の3(2)参照）。

グリーン社会の実現に向けた取組としての業務提携については、競争制限効果を持たないことも多く、むしろ競争促進効果が期待されることもあるため、このような業務提携については独占禁止法上問題とならないことが多い。

一方、業務提携は提携当事者間の事業活動の一体化がある程度進むものであることから、業務提携一般における競争制限効果の検討に当たっては、業務提携が提携当事者間の競争に与える影響を確認する（業務提携報告書第5の3(1)参照）。提携当事者間の競争に与える影響が小さい場合は、市場における競争に与える影響も小さく、当該業務提携は独占禁止法上問題なく実施することができる。他方、提携当事者間の競争が制限される場合には、前記の判断要素（各判断要素の勘案については、企業結合ガイドライン第4の2など等において示されている考え方が参考になる。）を総合的に勘案して[11]、市場全体に与える影響を検討し、独占禁止法上問題となるか否かを判断する。これについて、各項目に関して公正取引委員会が過去に公表したガイドラインの該当箇所も併せて参考になる。

「顧客閉鎖」とは、川上市場の閉鎖性・排他性の問題をもたらす購入拒否等をいい、顧客閉鎖が行われるか否かは、当事会社が顧客閉鎖を行う能力があるか否か、当事会社が顧客閉鎖を行うインセンティブがあるか否かを考慮して検討することとなる（企業結合ガイドライン第5の2(2)参照）。また、「投入物閉鎖」とは、川下市場の閉鎖性・排他性の問題をもたらす供給拒否等をいい、投入物閉鎖が行われるか否かは、当事会社が投入物閉鎖を行う能力があるか否か、当事会社が投入物閉鎖を行うインセンティブがあるか否かを考

---

11) 業務提携報告書では、垂直的・混合的な業務提携が市場全体に与える影響について検討する場合には、市場の閉鎖性・排他性の可能性について、①提携当事者の地位及び競争者の状況、②輸入圧力、参入圧力及び隣接市場からの競争圧力、③需要者からの競争圧力、④総合的な事業能力、並びに⑤効率性を総合的に勘案するとしている。また、提携当事者以外の競争者との協調的な行動の可能性について、①競争者の数等、②提携当事者や競争者の供給余力、③取引条件等の情報の入手の容易性、④過去の競争の状況、⑤輸入圧力、参入圧力、及び隣接市場からの競争圧力、並びに⑥効率性を総合的に勘案するとしている（業務提携報告書第5の3(2)イ(ア)(イ)）。

慮して検討することとなる（企業結合ガイドライン第5の2(1)参照）。

「競争者の行動を予測しやすい市場」とは、透明性が高い、集中度が高い（寡占的）、安定的である（需給の変動が少ない）、対称性が高い（コスト構造、シェア、製造する製品等が同質的）といった要素を持つ市場を指す（グリーンガイドライン脚注40）。

イ　業務提携の類型別の主な考慮要素等

> イ　業務提携の類型別の主な考慮要素等
> 　業務提携の各類型に関しては、前記アで示した業務提携一般の考慮要素に加え、以下に記載の類型ごとの要素も考慮した上で、独占禁止法上問題となるか否かについて判断される。

解説

前記アで示したグリーン社会の実現に向けた取組としての業務提携一般の考慮要素に加え、①共同研究開発、②技術提携、③標準化活動、④共同購入、⑤共同物流、⑥共同生産及びOEM、⑦販売連携及び⑧データ連携の行為類型ごとの考慮要素も示した上、独占禁止法上問題となるか否かの判断のポイントが示されている。

(ア)　共同研究開発

> (ア)　共同研究開発
> 　事業者が、グリーン社会の実現に向けた技術を生み出すため、競争関係にある事業者と共同で基礎研究、応用研究又は開発研究を行い、その技術を用いて新たな製品を開発することが考えられる。このような共同研究開発は、多くの場合、市場における競争に影響を与えないような少数の事業者間で行われており、独占禁止法上問題なく実施できるものが多い。また、温室効果ガスの削減といういわゆる外部性への対応を目的とする場合には、研究に係るリスク、コスト等に鑑みて単独で行うことが困難な場合が少なくなく、共同化は研究開発活動を活発で効率的なものとし、技術革新を促進するものであって、競争促進効果を有する場合も多く、そうした場合について独占禁止法上問題となる可能性は低い。
> 　一方、例えば、研究開発の対象となる技術を利用した製品の市場において

競争関係にある事業者の大部分が、各参加者が単独でも行い得るにもかかわらず共同研究を実施し、参加者間で研究開発活動を制限し、技術市場又は製品市場における競争が実質的に制限される場合等には、独占禁止法上問題となる。

　このため、共同研究開発に係る独占禁止法上問題となるか否かの検討に当たっては、まず、競争制限効果の有無及び程度について、以下の点を考慮して検討が行われる。

① 　共同研究開発の参加者の数、市場シェア（製品市場において競争関係にある事業者間で行う当該製品の改良又は代替品の開発のための共同研究開発についていえば、参加者の当該製品の市場シェアの合計が 20％以下である場合には、通常は、独占禁止法上問題とならない。）等

② 　共同研究開発の性格（基礎研究、応用研究、開発研究の別等）

　　研究開発は、段階的に基礎研究、応用研究及び開発研究に類型化することができるが、この類型の差は共同研究開発が製品市場における競争に及ぼす影響が直接的なものであるか、間接的なものであるかを判断する際の要因として重要である。特定の製品開発を対象としない基礎研究について共同研究開発が行われたとしても、通常は、製品市場における競争に影響が及ぶことは少なく、独占禁止法上問題となる可能性は低い。一方、開発研究については、その成果がより直接的に製品市場に影響を及ぼすものであるので、独占禁止法上問題となる可能性が高くなる。

③ 　共同研究開発の必要性（コストの分担等）

④ 　共同研究開発の対象範囲、期間等（対象範囲や期間が必要以上に広汎に定められていないか等）

　　競争制限効果がない場合は独占禁止法上の問題とはならず、競争制限効果が認められる場合は、取組の目的の合理性及び手段の相当性を勘案しつつ、競争制限効果及び競争促進効果について総合的に考慮して、競争の実質的制限を生じさせるものであるか否かを判断することとなる。

　　なお、研究開発の共同化自体が独占禁止法上問題とならない場合であっても、共同研究開発の実施に伴う取決めによって、参加者の事業活動を不当に拘束し、公正な競争を阻害するおそれがある場合には、当該取決めは独占禁止法上問題となる。また、共同研究開発により開発された製品の価格や数量等について、相互に事業活動の制限がなされる場合にも、独占禁止法上問題となることがある。

解説

　グリーン社会の実現に向けた取組としての共同研究開発に係る独占禁止法上の考え方について、総論が述べられている（「共同研究開発に関する独占禁止法上の指針」（平成5年4月20日公正取引委員会。以下「共同研究開発ガイドライン」という。）第1の2も参照）。すなわち、このような共同研究開発は、多くの場合、市場における競争に影響を与えないような少数の事業者間で行われており、独占禁止法上問題なく実施できるものが多い。また、温室効果ガスの削減といういわゆる外部性（ここでは、温室効果ガスの排出により生じる様々なコストが商品又は役務の価格に反映されない状態（外部不経済）が生じていることをいう。）への対応を目的とする場合には、研究に係るリスク、コスト等に鑑みて事業者が単独で行うことが困難な場合が少なくなく、共同化は研究開発活動を活発で効率的なものとし、技術革新を促進するものであって、競争促進効果を有する場合も多く、そうした場合について独占禁止法上問題となる可能性は低い（リサイクルガイドライン第2の3も参照）。

　このような共同研究開発が独占禁止法上問題となるか否かの検討に当たっては、まず、競争制限効果の有無及び程度について、①共同研究開発の参加者の数、市場シェア、②共同研究開発の性格、③共同研究開発の必要性、④共同研究開発の対象範囲、期間等の四つの点を考慮して検討が行われる（②について、基礎研究よりも、開発研究の方が、独占禁止法上問題となる可能性が高くなる点に関しては、共同研究開発ガイドライン第1の2(1)[2]も参照）。

　このうち、①において、「製品市場において競争関係にある事業者間で行う当該製品の改良又は代替品の開発のための共同研究開発についていえば、参加者の当該製品の市場シェアの合計が20％以下である場合には、通常は、独占禁止法上問題とならない。」との考え方が示されているが、これは、共同研究開発ガイドラインの考え方を踏襲するものであり、当該市場シェアの合計が20％を超える場合においても、これをもって直ちに問題となるというわけではない。

　その上で、競争制限効果が認められる場合は、取組の目的の合理性及び手段の相当性を勘案しつつ、競争制限効果及び競争促進効果について総合的に考慮して、競争の実質的制限を生じさせるものであるか否かが判断されることとなる。

●独占禁止法上問題とならない行為の想定例

> **想定例 25** 単独で研究開発を行うことが困難な温室効果ガス削減技術に
> 関する共同研究開発
>
> 　商品 A の製造過程において排出される温室効果ガスの大幅な削減を達成す
> る新たな製造手法を生み出す必要性が高まっているところ、当該研究開発には
> 多大なコストが掛かり、単独で実施することは困難であることから、商品 A
> の製造販売業者 X、Y 及び Z の 3 社は、共同で研究開発を実施することとし
> た。共同研究開発に当たって、3 社は、商品 A の価格等の重要な競争手段であ
> る事項に関する情報交換を防ぐための必要な措置を講じ、共同研究開発の成果
> を踏まえた製造販売業や、各社が独自に実施する研究開発活動に関して何ら制
> 限を行わない。また、商品 A の製造販売市場における 3 社の合計市場シェア
> は 70％を超えるが、他の競争者に対しても、共同研究開発の成果を、合理的
> な範囲内の費用負担を求めた上で、実施許諾を行う。

解説

　グリーン社会の実現に向けた取組としての共同研究開発が独占禁止法上問
題とならない場合としては様々なものが考えられるが、ここでは一つの想定
例が挙げられている。**想定例 25** は、①共同研究開発の必要性が高いこと、
②価格等の重要な競争手段である事項に関する情報交換を防ぐための必要な
措置を講じること、③商品の製造販売業や、各社が独自に実施する研究開発
活動に関して何ら制限を行わないこと、④他の競争者に対しても、共同研究
開発の成果を合理的な範囲内の費用負担を求めた上で実施許諾を行うこと、
を総合考慮すると、例え、当事会社の合計市場シェアが高い（70％を超える）
場合であっても問題とならないとする。このように、競争制限効果が認めら
れない場合、又は、競争制限効果が認められる場合であっても、取組の目的
の合理性及び手段の相当性を勘案しつつ、競争制限効果及び競争促進効果に
ついて総合的に考慮して、競争の実質的制限を生じさせない場合には、独占
禁止法上問題とならない。

　なお、温室効果ガスの削減に向けた取組ではないが、SDGs に関する共同
研究開発に関する相談事例として、「独占禁止法に関する相談事例集（令和 2
年度）」の事例 7[12)]がある。当該事例は、産業用機械メーカー 6 社（製品市場
における合計シェアは約 80％）が、産業・技術革新に係る SDGs に則った技

術革新の基盤を強化するため、共同して、技術研究組合を設立し、産業用機械の基礎技術の研究を共同して実施することについて、独占禁止法上問題となるものではないと回答した事例である。

●独占禁止法上問題となる行為の想定例

> **想定例26** **代替的な技術を排除する共同研究開発**
>
> 役務Aを提供する事業者により構成される事業者団体Xは、役務Aの提供に当たって排出される温室効果ガスの削減を目的として、役務Aの提供に必要な設備Bの改良技術を会員事業者の協力の下で開発することとした。Xは、会員事業者が設備Bの改良技術に関する共同研究開発に集中して取り組むため、会員事業者が独自に代替的な技術を開発することを禁止した。
>
> **想定例27** **価格等の制限を伴う共同研究開発**
>
> 商品Aの製造販売業者X、Y及びZの3社は、商品Aの製造過程において排出される温室効果ガスの削減を目的として、温室効果ガス排出量の大幅な削減を達成する新たな製造手法を共同で開発した。3社は、共同研究開発のコストを効率的に回収するため、商品Aの販売価格を引き上げることを共同で決定した。

解説

　グリーン社会の実現に向けた取組としての共同研究開発が独占禁止法上問題となる場合として、ここでは想定例が二つ挙げられている。これらのうち、想定例26 は、共同研究開発の参加事業者に対し、独自に代替的な技術を開発することを禁止した場合であるため問題となる。 想定例27 は、共同研究開発の参加事業者が、商品の販売価格を引き上げることを共同で決定した場合であるため問題となる。このように、共同研究開発の実施に伴う取決めによって、参加者の事業活動を不当に拘束する場合や、共同研究開発により開発された製品の価格や数量等について、相互に事業活動の制限がなされる場合には、独占禁止法上問題となることがある。また、研究開発の対象となる

---

12)　詳細については、「独占禁止法に関する相談事例集（令和2年度）」事例7 (https://www.jftc.go.jp/houdou/pressrelease/2021/jun/r2soudanjireihontai.pdf) 参照。

技術を利用した製品の市場において競争関係にある事業者の大部分が、各参加者が単独でも行い得るにもかかわらず共同研究を実施し、参加者間で研究開発活動を制限し、技術市場又は製品市場における競争が実質的に制限される場合には、独占禁止法上問題となる。

（イ）　技術提携

> （イ）　技術提携
>
> 　　事業者等が、それぞれが所有するグリーン社会の実現に資する技術のクロスライセンスやパテントプール、マルティプルライセンスを通じて、各事業者が製品の製造等に際して必要な技術の補完（以下「技術提携」という。）を行うことが考えられる。技術提携は、異なる技術の結合によって技術の一層効率的な利用が図られたり、新たに、技術市場や当該技術を利用した製品の市場が形成され、又は競争単位の増加が図られたりするものであり、競争促進効果を有する場合も多く、そうした場合について独占禁止法上問題となる可能性は低い。
>
> 　　しかしながら、技術提携を通じて、例えば、技術のライセンスに伴ってライセンシーの事業活動に制限が課される場合、その態様や内容いかんによっては、技術や製品を巡る競争に悪影響を及ぼす場合がある。当該行為が知的財産制度の趣旨を逸脱し、又は同制度の目的に反すると認められる場合には、権利の行使とは認められず独占禁止法の適用対象となり、競争を実質的に制限する場合や公正な競争を阻害するおそれがある場合には、独占禁止法上問題となる。
>
> 　　このため、技術提携に係る独占禁止法上問題となるか否かの検討に当たっては、まず、競争制限効果の有無及び程度について、以下の点を考慮して検討が行われる。
>
> ①　技術提携の内容及び態様
> ②　当該技術の用途や有力性
> ③　当該提携に係る当事者間の競争関係の有無
> ④　当事者の占める地位（市場シェア、順位等）
> ⑤　対象市場全体の状況（当事者の競争者の数、市場集中度、取引される製品の特性、差別化の程度、流通経路、新規参入の難易性等）
> ⑥　技術提携を実施することの合理的理由の有無
> ⑦　研究開発意欲及びライセンス意欲への影響
> 　　競争制限効果がない場合は独占禁止法上問題とはならず、競争制限効果が

認められる場合は、取組の目的の合理性及び手段の相当性を勘案しつつ、当該取組から生じる競争制限効果及び競争促進効果について総合的に考慮して、競争の実質的制限を生じさせるものであるか否かを判断することとなる。

　競争に及ぼす影響が大きい場合の例として、競争者間の行為であること、技術提携の対象となる技術が有力な技術であることが挙げられる。有力と認められる技術は、それ以外の技術に比べて、技術の利用に係る制限行為が競争に及ぼす影響が相対的に大きい。一般に、ある技術が有力な技術かどうかは、技術の優劣ではなく、製品市場における当該技術の利用状況、迂回技術の開発又は代替技術への切替えの困難さ、当該技術に権利を有する者が技術市場又は製品市場において占める地位等を総合的に勘案して判断される。

　一方、競争制限効果が軽微な場合の例としては、技術提携の対象となる技術を用いて事業活動を行っている事業者の製品市場におけるシェアの合計が20％以下である場合等が考えられる。

解説

　グリーン社会の実現に向けた取組としての技術提携に係る独占禁止法上の考え方について、総論が述べられている（「知的財産の利用に関する独占禁止法上の指針」（平成 19 年 9 月 28 日公正取引委員会。以下「知的財産ガイドライン」という。）第 3 の 2 も参照）。すなわち、このような技術提携は、異なる技術の結合によって技術の一層効率的な利用が図られたり、新たに、技術市場や当該技術を利用した製品の市場が形成され、又は競争単位の増加が図られたりするものであり、競争促進効果を有する場合も多く、そうした場合について独占禁止法上問題となる可能性は低い。

　このような技術提携が独占禁止法上問題となるか否かの検討に当たっては、まず、競争制限効果の有無及び程度について、①技術提携の内容及び態様、②当該技術の用途や有力性、③当該提携に係る当事者間の競争関係の有無、④当事者の占める地位、⑤対象市場全体の状況、⑥技術提携を実施することの合理的理由の有無、⑦研究開発意欲及びライセンス意欲への影響、の七つの点を考慮して検討が行われる（知的財産ガイドライン第 2 の 3 も参照）。

　このうち、④について、「技術提携の対象となる技術を用いて事業活動を行っている事業者の製品市場におけるシェアの合計が 20％以下である場合」

が「競争制限効果が軽微な場合の例」として挙げられているが（知的財産ガイドライン第2の5も参照）、当該市場シェアの合計が20％を超える場合においても、これをもって直ちに問題となるというわけではない。

　その上で、競争制限効果が認められる場合は、取組の目的の合理性及び手段の相当性を勘案しつつ、競争制限効果及び競争促進効果について総合的に考慮して、競争の実質的制限を生じさせるものであるか否かが判断されることとなる。

　「クロスライセンス」とは、ある技術に権利を有する複数の者が、それぞれの権利を、相互にライセンスすることをいう。また、「パテントプール」とは、ある技術に権利を有する複数の者が、それぞれが有する権利等を一定の企業体等に集中し、当該企業体等を通じてパテントプールの構成員等が必要なライセンスを受けることをいう。さらに、「マルティプルライセンス」とは、ある技術に権利を有する者が、複数の事業者に当該技術をライセンスすることをいう。

　著作権法、特許法、実用新案法、意匠法又は商標法による権利の行使と認められる行為には、独占禁止法は適用されない（独占禁止法第21条）。しかしながら、これらの権利の行使とみられる行為であっても、行為の目的、態様、競争に与える影響の大きさも勘案した上で、事業者に創意工夫を発揮させ、技術の活用を図るという、知的財産制度の趣旨を逸脱し、又は同制度の目的に反すると認められる場合は、同法第21条に規定される「権利の行使と認められる行為」とは評価できず、独占禁止法が適用される点に留意が必要である（知的財産ガイドライン第2の1参照）。

● 独占禁止法上問題とならない行為の想定例

> ■想定例28　温室効果ガス削減に向けた商品の製造等に不可欠な技術に係るクロスライセンス
>
> 　商品Ａの製造過程においては大量の温室効果ガスが排出されることが問題視されているところ、新たな製造技術Ｂを利用することで、大幅に温室効果ガスを削減することができる。製造技術Ｂの利用については、国際的なスタンダードとなりつつあり、商品Ａの製造販売業者にとっては当該技術を利用することが必須となっている。製造技術Ｂの利用に当たり必須となる特許に

ついては、商品Ａの製造販売業者Ｘ、Ｙ及びＺの３社がそれぞれ保有しているところ、<u>公正、妥当かつ無差別な条件でお互いが保有する必須特許を相互にライセンスする</u>こととした。

３社は、ライセンス条件の交渉に当たって、商品Ａの価格等の<u>重要な競争手段である事項に関する情報交換を行わない</u>。また、各社が実施する商品Ａに関係する<u>研究開発や営業活動を何ら制限しない</u>。

[解説]

　グリーン社会の実現に向けた取組としての技術提携が独占禁止法上問題とならない場合としては様々なものが考えられるが、ここでは一つの想定例が挙げられている。[想定例 28]は、①公正、妥当かつ無差別な条件でお互いが保有する必須特許を相互にライセンスすることとしたこと、②ライセンス条件の交渉に当たって、商品の価格等の重要な競争手段である事項に関する情報交換を行わないこと、③各社が実施する商品Ａに関係する研究開発や営業活動を何ら制限しないこと、を総合考慮すると問題とならない。このように、競争制限効果がない場合、又は、競争制限効果が認められる場合であっても、取組の目的の合理性及び手段の相当性を勘案しつつ、当該取組から生じる競争制限効果及び競争促進効果について総合的に考慮して、競争の実質的制限を生じさせるものでない場合には、独占禁止法上問題とならない。

●独占禁止法上問題となる行為の想定例

■想定例 29　価格等の制限を伴うパテントプールの形成

　商品Ａの製造過程において大幅に温室効果ガス排出量を削減することができる新たな製造技術Ｂについては、当該技術の利用に当たって必須となる特許を有する商品Ａの製造販売業者Ｘ、Ｙ及びＺの３社がパテントプールを形成し、公正、妥当かつ無差別な条件で、当該パテントプールを通じてのみ商品Ａの製造販売業者に対してライセンスを行うこととしていた。３社は、<u>ライセンス条件において、ライセンスを受けた場合には商品Ａの価格を一定の金額以上にすることを求めた</u>。

解説

　グリーン社会に向けた取組としての技術提携が独占禁止法上問題となる場合として、ここでは一つの想定例が挙げられている。 想定例 29 は、新たな製造技術について、必須特許のパテントプールを形成していた複数の事業者が、ライセンス条件において、商品の価格を一定の金額以上にすることを求めた場合であるため問題となる。このように、当該行為が知的財産制度の趣旨を逸脱し、又は同制度の目的に反すると認められる場合には、権利の行使とは認められず独占禁止法の適用対象となり、競争を実質的に制限する場合や公正な競争を阻害するおそれがある場合には、独占禁止法上問題となる。

　㋒　標準化活動

㋒　標準化活動

　　事業者等は、新たな商品又は役務についての規格を共同で策定し、広く普及を進める活動（以下「標準化活動」という。）を行う場合がある。標準化活動は、製品間の互換性が確保されることなどから、当該規格を採用した商品又は役務の市場の迅速な立上げや需要の拡大に資するものであって競争促進効果を持つものであり、その活動自体が直ちに独占禁止法上問題となるものではない。

　　しかしながら、標準化活動に当たって、標準化活動の参加者の事業活動について、販売価格等の取決めを行うことなどにより、市場における競争が実質的に制限される場合や、公正な競争が阻害されるおそれがある場合には、独占禁止法上問題となる。

　　このため、標準化活動に係る独占禁止法上問題となるか否かの検討に当たっては、まず、競争制限効果の有無及び程度について、以下のような内容を含むものであるか否かという点から検討が行われる。

・　販売価格等の取決め
・　競合規格の排除
・　規格の範囲の不当な拡張
・　技術提案等の不当な排除
・　標準化活動への参加制限

　　競争制限効果がない場合は独占禁止法上問題とはならず、競争制限効果が認められる場合は、取組の目的の合理性及び手段の相当性を勘案しつつ、当該取組から生じる競争制限効果及び競争促進効果について総合的に考慮し

て、競争の実質的制限を生じさせるものであるか否かを判断することとなる。

　また、標準化活動に参加している複数の事業者が共同して、自らが特許権を有する技術が規格に取り込まれるように積極的に働きかけることが考えられる。この場合、規格が策定され、広く普及した後に、規格を採用する者に対して当該特許をライセンスすることを合理的理由なく拒絶することは、拒絶された事業者が規格を採用した製品を開発・生産することが困難となり、当該製品市場における競争が実質的に制限される場合には私的独占として、競争が実質的に制限されない場合であっても公正な競争が阻害されるおそれがある場合には不公正な取引方法（その他の取引拒絶等）として独占禁止法上問題となる。

解説

　グリーン社会の実現に向けた取組としての標準化活動に係る独占禁止法上の考え方について、総論が述べられている（標準化・パテントプールガイドライン第2の2も参照）。すなわち、このような標準化活動は、製品間の互換性が確保されることなどから、当該規格を採用した商品又は役務の市場の迅速な立上げや需要の拡大に資するものであって競争促進効果を持つものであり、その活動自体が直ちに独占禁止法上問題となるものではない。

　このような標準化活動が独占禁止法上問題となるか否かの検討に当たっては、まず、競争制限効果の有無及び程度について、販売価格等の取決め、競合規格の排除、規格の範囲の不当な拡張、技術提案等の不当な排除、標準化活動への参加制限といった競争制限的な内容を含むものであるか否かという点から検討が行われる。

　その上で、こうした内容を含むために競争制限効果が認められる場合は、取組の目的の合理性及び手段の相当性を勘案しつつ、競争制限効果及び競争促進効果について総合的に考慮して、競争の実質的制限を生じさせるものであるか否かが判断されることとなる。

●独占禁止法上問題とならない行為の想定例

┌───┐
│ 想定例30　資源の効率的な利用に向けた部品等の規格の策定 │

　商品Aの製造過程では、製造に用いた部品Bの廃棄物が生み出されるところ、環境負荷を軽減するとともに温室効果ガス排出量を削減するため、部品Bの廃棄物の効率的な再利用を行うことが商品Aの製造販売業者の課題となっている。そこで、商品Aの製造販売業者X、Y及びZは、部品Bのリサイクルを容易とし、かつ、リサイクル率を高めることを目的として、部品Bの<u>共通規格を策定し、できる限り当該規格に基づいた部品Bを用いることを決定</u>した。
└───┘

解説

　グリーン社会の実現に向けた取組としての標準化活動が独占禁止法上問題とならない場合としては様々なものが考えられるが、ここでは一つの想定例が挙げられている。想定例30は、特定の部品のリサイクル率を高めることを目的として、当該部品の共通規格を策定し、当該規格に基づいた当該部品の使用を努力義務とした場合であるため問題とならない。このように、競争制限効果が認められる場合であっても、取組の目的の合理性及び手段の相当性を勘案しつつ、当該取組から生じる競争制限効果及び競争促進効果について総合的に考慮して、競争の実質的制限を生じさせるものでない場合には、独占禁止法上問題とならない。

●独占禁止法上問題となる行為の想定例

┌───┐
│ 想定例31　価格等の制限を伴う標準化活動 │

　商品Aの製造販売業者X、Y及びZの3社は、循環型社会の構築に貢献するため、使用済の商品Aを各社が回収し、商品Aを製造する際の原材料として再利用することとし、再利用が容易になるように商品Aの規格を定めた。3社は、規格の設定を機に、原材料の高騰を商品Aの価格に転嫁するため、<u>商品Aの販売価格の引上げについて共同で決定</u>した。

│ 想定例32　代替的な規格を排除する標準化活動 │

　旅客運送用機材Aの製造販売業者X、Y及びZの3社は、機材Aの使用に
└───┘

伴い排出される温室効果ガスの削減のため、温室効果ガス排出量が少ない機材Aに関する規格Bを策定した。3社は、機材Aの販売市場における異なる規格間の競争を回避するために、<u>各社がこれまで独自に行ってきた代替的な規格C及び規格Dに関する研究開発を取りやめることについて合意した。</u>

解説

　グリーン社会の実現に向けた取組としての標準化活動が独占禁止法上問題となる場合として、ここでは二つの想定例が挙げられている。これらのうち、想定例31 は、商品の規格の設定を機に、当該商品の販売価格の引上げについて共同で決定した場合であるため問題となる。想定例32 は、機材の規格を策定するとともに、機材の販売市場における異なる規格間の競争を回避するために、各社がこれまで独自に行ってきた代替的な規格に関する研究開発を取りやめることについて合意した場合であるため問題となる。このように、標準化活動に当たって、標準化活動の参加者の事業活動について、販売価格等の取決めを行うことなどにより、市場における競争が実質的に制限される場合や、公正な競争が阻害されるおそれがある場合には、独占禁止法上問題となる（標準化・パテントプールガイドライン第2の3も参照）。

　　(エ)　共同購入

　(エ)　共同購入
　　事業者が、原材料・部品・設備について、同様に当該原材料等を必要とする競争者と共同での調達（以下「共同購入」という。）を行うことが考えられる。共同購入の目的は、交渉力を強化し、安定的・効率的な調達体制を確立することとされる。グリーン社会の実現に資する製品の製造においては、世界的に希少価値の高い原材料が用いられることや調達状況の不安定さが指摘される原材料を用いることもあり、そのような場合、安定的・効率的な調達体制の確立が課題となっている。したがって、共同購入によりその実現が図られた場合、グリーン社会の実現に大きく貢献するものと考えられる。
　　共同購入は、原材料・部品・設備についての安定的・効率的な調達を通じて競争促進効果を持つものであり、独占禁止法上問題なく実施できる場合が多いが、当該共同購入の対象商品の購入市場、又は当該商品を利用して供給する商品若しくは役務の販売市場における競争が実質的に制限される場合、

独占禁止法上問題となる。

　すなわち、共同購入の対象商品の需要全体に占める共同購入への参加者の市場シェアが高く、競争者の牽制力が弱いなどの場合には、共同購入への参加者が当該商品の購入価格を自らの意思である程度自由に左右できるようになることで、当該商品の購入市場における競争が実質的に制限されることがある。また、ある商品又は役務の販売市場における共同購入への参加者の市場シェアが高く、当該商品又は役務の供給に要するコストに占める共同購入の対象商品の購入額の割合が高いなどの場合には、共同購入への参加者間において当該商品又は役務の販売価格等の重要な競争手段に係る意思決定の一体化が図られ、あるいは、協調的な行動が助長されることにより、当該商品又は役務の販売市場における競争が実質的に制限されることがある。

　このため、共同購入に係る独占禁止法上問題となるか否かの検討に当たっては、まず、競争制限効果の有無について、以下の点を考慮して検討が行われる。
① 購入市場については、共同購入への参加者の市場シェアや競争者の存在等
② 販売市場については、共同購入への参加者の市場シェアが高い場合に、
　　・ 商品又は役務の供給に要するコストに占める共同購入の対象となる原材料等の購入額の割合
　　・ 販売価格等の情報交換や共有の可能性
③ 共同購入への参加が自由であり、制限が課されていないか
　競争制限効果がない場合は独占禁止法上の問題とはならず、競争制限効果が認められる場合は、取組の目的の合理性及び手段の相当性を勘案しつつ、当該取組から生じる競争制限効果及び競争促進効果について総合的に考慮して、競争の実質的制限を生じさせるものであるか否かを判断することとなる。

解説

　グリーン社会の実現に向けた取組としての共同購入について、総論が述べられている（事業者団体ガイドライン第2の11も参照）。すなわち、このような共同購入は、原材料・部品・設備についての安定的・効率的な調達を通じて競争促進効果を持つものであり、独占禁止法上問題なく実施できる場合が多い。

　このような共同購入が独占禁止法上問題となるか否かの検討に当たっては、

まず、競争制限効果の有無について、購入市場及び販売市場の状況のほか、共同購入への参加が自由であるか等を考慮して検討が行われる。

このうち、商品又は役務の供給に要するコストに占める共同購入の対象となる原材料等の購入額の割合が高い場合には、コスト構造の共通化により、共同購入の参加者間において協調的な行動が助長される可能性がある。また、コスト構造の共通化は、共同購入の参加者それぞれがコスト削減を図るという重要な競争手段である事項に係る意思決定が一体化する可能性がある。コスト共通化割合は、これらの問題を判断する上での要素の一つであるところ、その高低のみから独占禁止法上の問題の有無を判断することは適当ではなく、他の要素（市場の状況等）と併せて、総合的に考慮されることになる（業務提携報告書第4の2も参照）。

その上で、こうした内容を含むために競争制限効果が認められる場合は、取組の目的の合理性及び手段の相当性を勘案しつつ、競争制限効果及び競争促進効果について総合的に考慮して、競争の実質的制限を生じさせるものであるか否かが判断されることとなる。

●独占禁止法上問題とならない行為の想定例

> **想定例 33** **温室効果ガスの削減に向けた共同購入**
>
> 　役務Aの提供に当たって排出される温室効果ガスを大幅に削減するためには、新技術を用いて精製された燃料Bを利用することが望ましいことが明らかになっている。しかし、燃料Bを供給する事業者や調達する事業者は少なく、市場が形成されているとまではいえないため、単独の事業者が購入するだけでは安定的な供給と調達が困難である。役務Aを提供する事業者X及びYの2社は、役務Aの提供に係る合計市場シェアが80％を超えているところ、市場が形成されて安定的な調達を行うことができるようになるまで、燃料Bを共同で調達することとした。
>
> 　2社は、共同調達に当たって、必要な燃料Bの数量等の合理的に必要な範囲に限って情報を共有することとし、その他重要な競争手段である事項に関する情報交換を防ぐための必要な措置を講ずる。
>
> 　また、役務Aの提供に係るコストのうち燃料代は一定程度を占めるが、燃料代に占める燃料Bの割合は低く、他の燃料も並行して各社独自に調達が行われることを踏まえると、燃料Bの共同調達が役務Aの提供に係る競争に与

える影響は、現時点では極めて限定的な状況にある。

解説

　グリーン社会の実現に向けた取組としての共同購入が独占禁止法上問題とならない場合としては様々なものが考えられるが、ここでは一つの想定例が挙げられている。 想定例33 は、①役務の提供に用いられる新たな燃料について、市場が形成されて安定的な調達を行うことができるようになるまで共同購入を行うこと、②合理的に必要な範囲に限って情報を共有することとし、その他重要な競争手段である事項に関する情報交換を防ぐための必要な措置を講ずること、③役務の提供に用いられる燃料代全体に占める共同購入の対象である燃料の割合は低く、他の燃料も並行して各社独自に調達が行われることを総合考慮すると、例え、共同購入の対象事業者の合計市場シェアが高い（80％を超えている）場合であっても問題とならない。このように、競争制限効果が認められる場合であっても、取組の目的の合理性及び手段の相当性を勘案しつつ、当該取組から生じる競争制限効果及び競争促進効果について総合的に考慮して、競争の実質的制限を生じさせるものでない場合には、独占禁止法上問題とならない。

●独占禁止法上問題となる行為の想定例

> 想定例34　調達した原材料を用いた商品の製造販売市場における競争を
> 　　　　　制限する共同購入
>
> 　商品Ａは、原材料Ｂを加工して製造される一般消費者向けの商品であるところ、商品Ａの製造販売業者Ｘ、Ｙ及びＺの３社は、商品Ａの製造販売市場において合計市場シェア80％を占める。今般、３社は、商品Ａの製造に当たって排出される温室効果ガスを大幅に削減することができる原材料Ｃに関して、調達業務の効率化の観点から、共同で調達を行うこととした。商品Ａの製造に係るコストのうち、原材料Ｃが占める割合は高く、３社が販売する商品Ａの製造コストの共通化割合が高くなることが見込まれ、コスト削減を図るという重要な競争手段に係る意思決定が一体化し、協調的な行動が助長される状況にある。
>
> ［解説］
> 　この行為については、商品Ａの製造販売市場における３社の合計市場シェ

アが高いことに加え、商品Aの製造コストの共通化割合が高くなることが見込まれることから、3社の間での協調的な行動が助長されるおそれがあり、独占禁止法上問題となる。

　他方、合計市場シェア又は製造コストの共通化割合のいずれかが低い場合や、商品Aの需要者が、3社に対して、対抗的な交渉力を有している等の事情が認められ、需要者からの競争圧力が強い場合など、異なる状況や追加的事情が認められる場合には、独占禁止法上問題なく実施することができる可能性がある。

解説

　グリーン社会の実現に向けた取組としての共同購入が独占禁止法上問題となる場合として、ここでは一つの想定例が挙げられている。**想定例34** は、①商品の製造販売市場における共同購入の参加事業者の合計市場シェアが高いこと、②原材料の共同購入により商品の製造コストの共通化割合が高くなることが見込まれることから、共同購入の参加事業者の間での協調的な行動が助長されるおそれがあることを総合考慮すると問題となる。このように、共同購入の対象商品の需要全体に占める共同購入への参加者の市場シェアが高く、競争者の牽制力が弱いなどの場合には、共同購入への参加者が当該商品の購入価格を自らの意思で、ある程度自由に左右できるようになることにより当該商品の購入市場における競争が実質的に制限される場合には、独占禁止法上問題となる。また、ある商品又は役務の販売市場における共同購入への参加者の市場シェアが高く、当該商品又は役務の供給に要するコストに占める共同購入の対象商品の購入額の割合が高いなどの場合には、共同購入への参加者間において当該商品又は役務の販売価格等の重要な競争手段に係る意思決定の一体化が図られ、あるいは、協調的な行動が助長されることにより、当該商品又は役務の販売市場における競争が実質的に制限される場合には、独占禁止法上問題となる。

　(オ)　共同物流

　(オ)　共同物流
　　事業者が、自己の商品の供給に当たって、特定の地域向けの配送の共通化

や特定の地域における物流施設の共同利用（以下「共同物流」という。）を行うことが考えられる。共同物流は、物流の効率化をもたらすことが期待されるところ、これにより温室効果ガスの排出量が削減される場合もあり、そのような場合にはグリーン社会の実現にも資するものと考えられる。

　共同物流は、物流業務を調達する事業者の主たる事業に付随するものであり、重要な競争手段（価格等）に影響を与えることが少ないことから、生産や販売等の共同化に比べて独占禁止法上問題となる可能性が低い。しかしながら、物流サービスの調達市場、又は共同物流の対象商品の販売市場における競争が実質的に制限される場合、独占禁止法上問題となる。

　すなわち、物流業務の調達市場における共同物流への参加者の市場シェアが高く、競争者の牽制力が弱いなどの場合には、共同物流への参加者が物流業務の調達価格をある程度自由に左右できるようになることで、物流業務の調達市場における競争が実質的に制限されることがある。また、共同物流の対象商品の販売市場における共同物流への参加者の市場シェアが高く、共同物流の対象商品の供給に要するコストに占める共同物流のコストの割合が高いなどの場合には、共同物流への参加者間において当該商品の販売価格等の重要な競争手段に係る意思決定の一体化が図られ、あるいは、協調的な行動が助長されることにより、当該商品の販売市場における競争が実質的に制限されることがある。

　このため、共同物流に係る独占禁止法上問題となるか否かの検討に当たっては、まず、競争制限効果の有無について、以下の点を考慮して検討が行われる。

① 物流業務の調達市場における共同物流への参加者の市場シェアや競争者の存在等
② 共同物流の対象商品の販売市場における共同物流への参加者の市場シェアが高い場合に、共同物流の対象商品の供給に要するコストに占める共同物流のコストの割合
③ 当該商品の販売分野における独立した活動の状況（価格や数量等の情報交換・共有を行わないこと）
④ 共同物流への参加が自由で制限されていないか

　なお、②の割合が低い場合、共同物流自体が対象商品の価格、数量等に影響を与えるものではなく、独占禁止法上問題となる可能性は低い。

　競争制限効果がない場合は独占禁止法上の問題とはならず、競争制限効果が認められる場合は、取組の目的の合理性及び手段の相当性を勘案しつつ、当該取組から生じる競争制限効果及び競争促進効果について総合的に考慮し

> て、競争の実質的制限を生じさせるものであるか否かを判断することとなる。

解説

　グリーン社会の実現に向けた取組としての共同物流に係る独占禁止法上の考え方について、総論が述べられている（事業者団体ガイドライン第2の11も参照）。すなわち、このような共同物流は、物流業務を調達する事業者の主たる事業に付随するものであり、重要な競争手段（価格等）に影響を与えることが少ないことから、生産や販売等の共同化に比べて独占禁止法上問題となる可能性が低い。

　このような共同物流が独占禁止法上問題となるか否かは、まず、競争制限効果の有無について、物流業務の調達市場の状況及び共同物流の対象商品の販売市場の状況のほか、商品の販売分野における独立した活動の状況や共同物流への参加が自由であるか等を考慮して検討が行われる。

　その上で、当該共同物流がこうした内容を含むことにより、競争制限効果が認められる場合は、取組の目的の合理性及び手段の相当性を勘案しつつ、競争制限効果及び競争促進効果について総合的に考慮して、競争の実質的制限を生じさせるものであるか否かが判断されることとなる。

　なお、共同物流の対象商品の販売市場における共同物流への参加者の市場シェアが低い場合、共同物流自体が対象商品の価格・数量等に影響を与えるものではなく、独占禁止法上問題となる可能性は低い。

● 独占禁止法上問題とならない行為の想定例

> **想定例 35**　配送効率化等による温室効果ガス削減のための共同物流
>
> 　特定の業態の小売業者 X、Y 及び Z の 3 社は、自社の店舗への商品の配送に当たって排出される温室効果ガスの削減を目的として、配送の効率化により温室効果ガス排出量の削減が見込まれる特定のルートに関して、共同で配送を実施することとした。
>
> 　3 社は、当該共同配送の実施に当たって、各店舗において販売する商品の価格や数量等の重要な競争手段に関する事項に関して必要な情報遮断措置を講じる。また、各店舗における商品の販売に係るコストに占める共同物流のコスト

の割合は極めて小さい。さらに、配送業務の調達市場には様々な事業者が存在しており、3社の合計市場シェアは10%程度である。

解説

　グリーン社会の実現に向けた取組としての共同物流が独占禁止法上問題とならない場合としては様々なものが考えられるが、ここでは一つの想定例が挙げられている。想定例35は、①小売業者が共同で配送を実施するに当たり、各店舗において販売する商品の価格や数量等の重要な競争手段に関する事項に関して必要な情報遮断措置を講じること、②各店舗における商品の販売に係るコストに占める共同物流のコストの割合は極めて小さいこと、③配送業務の調達市場には様々な事業者が存在しており、共同物流の参加事業者の合計市場シェアは低い（10%程度）ことを総合考慮すると問題とならない。このように、競争制限効果が認められる場合であっても、取組の目的の合理性及び手段の相当性を勘案しつつ、当該取組から生じる競争制限効果及び競争促進効果について総合的に考慮して、競争の実質的制限を生じさせるものでない場合は、独占禁止法上問題とならない。

● 独占禁止法上問題となる行為の想定例

想定例36　価格等の情報交換・共有を伴う共同物流

　商品Aの製造販売業者X、Y及びZの3社は、商品Aの製造販売市場において合計市場シェア70%を占めるところ、需要者への商品Aの輸送に当たって排出される温室効果ガスの削減を目的として、各社が保有する物流センターを相互に開放し、各社の効率的な輸送に役立てることとした。3社は、物流センターの相互利用を通じて、お互いが顧客に対して販売する商品Aの価格や数量等を共有し、定期的に商品Aの販売価格の引上げ幅を共同で決定した。

［解説］

　この行為については、商品Aの販売価格の引上げ幅を共同で決定することにより、商品Aの製造販売市場における競争が実質的に制限されることから、独占禁止法上問題となる。

　他方、商品Aの販売価格の引上げ幅を共同で決定せず、また、商品Aの価格、数量等に係る情報について情報遮断措置が講じられる場合など、異なる状況や追加的事情が認められる場合には、独占禁止法上問題なく実施することが

できる可能性がある。

解説

　グリーン社会の実現に向けた取組としての共同物流が独占禁止法上問題となる場合として、一つの想定例が挙げられている。 想定例36 は、①共同物流の参加事業者の合計市場シェアが高い（70%）こと、②共同物流の参加事業者が、物流センターの相互利用を通じて、お互いが顧客に対して販売する商品の価格や数量等を共有し、定期的に当該商品の販売価格の引上げ幅を共同で決定したことを総合考慮すると問題となる。このように、物流業務の調達市場における共同物流への参加者の市場シェアが高く、競争者の牽制力が弱いなどの場合には、共同物流への参加者が物流業務の調達価格をある程度自由に左右できるようになることで、物流業務の調達市場における競争が実質的に制限されるときには、独占禁止法上問題となる。また、共同物流の対象商品の販売市場における共同物流への参加者の市場シェアが高く、共同物流の対象商品の供給に要するコストに占める共同物流のコストの割合が高いなどの場合には、共同物流への参加者間において当該商品の販売価格等の重要な競争手段に係る意思決定の一体化が図られ、あるいは、協調的な行動が助長されることで当該商品の販売市場における競争が実質的に制限されるときには、独占禁止法上問題となる。

　 想定例36 については、令和6年改定により解説が追加された。前記のとおり、問題となることの説明に加え、仮に、商品Aの販売価格の引上げ幅を共同で決定せず、また、商品Aの価格、数量等に係る情報について情報遮断措置が講じられる場合など、異なる状況や追加的事情が認められる場合には、共同物流について独占禁止法上問題なく実施することができる可能性があることが説明されている。

　(カ)　共同生産及びOEM

　(カ)　共同生産及びOEM
　　事業者が、特定の商品に関し、共同出資会社を設立するなどして共同生産や、OEMを行うことが考えられる。共同生産やOEM（以下「共同生産等」という。）は、事業者が単独で行うよりも効率的な生産を可能とし温室効果

ガス削減につながる場合があるほか、温室効果ガスを大幅に削減する生産設備への転換を促す場合もある。また、温室効果ガス削減に資する製品の供給量を拡大することを目的として実施されることもあり、グリーン社会の実現に貢献することが期待される。

　共同生産等は効率的な生産を可能とするものであり、競争促進効果を有することから、独占禁止法上問題なく実施することができる場合もあるが、共同生産等によって、当該共同生産等の対象商品の販売市場における競争が実質的に制限される場合、独占禁止法上問題となる。

　すなわち、共同生産等の対象商品の販売市場に占める共同生産等への参加者の市場シェアが高く、共同生産等の対象商品の供給に要するコスト構造が共通化するなどの場合には、共同生産等への参加者間において当該商品の販売価格等の重要な競争手段に係る意思決定の一体化が図られ、また、協調的な行動が助長されることにより、共同生産等の対象商品の販売市場における競争が実質的に制限されることがある。

　このため、共同生産等に係る独占禁止法上問題となるか否かの検討に当たっては、まず、競争制限効果の有無について、以下の点を考慮して検討が行われる。

① 販売市場における共同生産等への参加者の市場シェア

② 共同生産等の対象商品の供給に要するコストに占める共同生産等のコストの割合

③ 当該商品の販売分野における独立した活動の状況（価格や数量等の情報交換・共有を行わないこと）

④ 共同生産等への参加が自由で制限されていないか

　特に、①が高い場合や、価格等の重要な競争手段である事項を制限する可能性が高い場合には留意を要する。

　競争制限効果がない場合は独占禁止法上の問題とはならず、競争制限効果が認められる場合は、取組の目的の合理性及び手段の相当性を勘案しつつ、当該取組から生じる競争制限効果及び競争促進効果について総合的に考慮して、競争の実質的制限を生じさせるものであるか否かを判断することとなる。

解説

　グリーン社会の実現に向けた取組としての共同生産及びOEM（以下「共同生産等」という。）に係る独占禁止法上の考え方について、総論が述べられている。すなわち、このような共同生産等は効率的な生産を可能とするもの

であり、競争促進効果を有することから、独占禁止法上問題なく実施することができる場合もある。

　このような共同生産等が独占禁止法上問題となるか否かの検討に当たっては、まず、競争制限効果の有無について、販売市場における市場シェア、商品コストの共通化の状況、商品の販売分野における独立した活動の状況や共同生産への参加が自由であるか等を考慮して検討が行われる。このうち、商品コストの共通化の状況とは、共同生産等の対象商品の供給に要するコスト（共同生産等の対象が完成品の一部である部品であり、共同生産等の参加者は、当該部品を用いて完成品を販売する場合は、当該完成品の供給に要するコスト）に占める共同生産等のコストの割合を指す。

　その上で、こうした内容を含むために競争制限効果が認められる場合は、取組の目的の合理性及び手段の相当性を勘案しつつ、競争制限効果及び競争促進効果について総合的に考慮して、競争の実質的制限を生じさせるものであるか否かが判断されることとなる。

● 独占禁止法上問題とならない行為の想定例

想定例 37　自社が生産技術等を有さない場合における温室効果ガス削減に向けた共同生産等

　商品Ａについては、近年、製造過程において排出される温室効果ガスの削減を需要者から要請される傾向がある。商品Ａの製造販売業者Ｘは、このような要望に対応できず、事業を縮小せざるを得ないと見込まれるため、商品Ａの自主製造を取り止め、同じく商品Ａの製造販売を行っている事業者Ｙに対して、商品Ａの製造を全量委託することにした。

　Ｘ及びＹは、当該製造委託に当たって、商品Ａの需要者向け販売価格等の重要な競争手段に関する事項について必要な情報遮断措置を講じ、かつ、今後も独立して販売活動を行う。また、商品Ａの製造販売業者は、他にも有力な事業者が複数存在し、これらの事業者からの牽制力が働く状況にある。

想定例 38　自社が生産設備を休止等する場合における温室効果ガス削減に向けた共同生産等

　商品Ａの製造販売業者Ｘ及びＹの２社は、商品Ａの製造過程で排出される温室効果ガスの排出量削減のため、既存の生産設備を、より温室効果ガスの排

出量が少ない新技術を用いる生産設備へ転換することをそれぞれ検討していた。新たな生産設備へ転換する際、各社は自社の生産設備を一時的に閉鎖する必要がある。Xは、独自の判断で、自社の生産設備を一時的に閉鎖する時期を決定し、自社が一定期間生産することができない商品Aについて、Yに対して製造委託を行うこととした。また、YはXからの製造委託を受注した後、独自の判断で、自社の生産設備を一時的に閉鎖する時期を決定し、自社が一定期間生産することができない商品Aについて、Xに対して製造委託を行うこととした。

2社は、当該製造委託に当たって、商品Aの需要者向け販売価格等の重要な競争手段に関する事項について必要な情報遮断措置を講じ、かつ、今後も独立して販売活動を行う。また、製造委託を行う商品Aの数量は、2社がそれぞれ供給する商品Aの全量のうち、10%程度に過ぎない。

[解説]

この行為は、まず、独自の判断の下で自社の生産設備の一時閉鎖が決定されているため、設備の共同休止という問題は生じない。その上で、情報遮断措置により、また、コスト構造の共通化割合が低いことにより、製造委託に伴って懸念される2社の協調的な行動は生じ得ず、製造委託自体についても独占禁止法上問題なく実施することができる。

解説

グリーン社会の実現に向けた取組としての共同生産等が独占禁止法上問題とならない場合としては様々なものが考えられるが、ここでは二つの想定例が挙げられている。これらのうち、想定例37は、製造委託の参加事業者が、当該製造委託に当たって、商品の需要者向け販売価格等の重要な競争手段に関する事項について必要な情報遮断措置を講じ、かつ、今後も独立して販売活動を行い、また、当該商品の製造販売業者は、他にも有力な事業者が複数存在し、これらの事業者からの牽制力が働く状況にある場合であるため問題とならない。想定例38は、製造委託の参加事業者が、当該製造委託に当たって、商品の需要者向け販売価格等の重要な競争手段に関する事項について必要な情報遮断措置を講じ、かつ、今後も独立して販売活動を行い、また、製造委託を行う商品の数量は、製造委託の参加事業者がそれぞれ供給する商品の全量のうち、わずか（10%程度）に過ぎないことから、製造委託に伴って懸念される参加事業者の協調的な行動は生じ得ない場合であるため問題と

ならない。このように、競争制限効果が認められる場合であっても、取組の
目的の合理性及び手段の相当性を勘案しつつ、当該取組から生じる競争制限
効果及び競争促進効果について総合的に考慮して、競争の実質的制限を生じ
させるものでない場合には、独占禁止法上問題とならない。

●独占禁止法上問題となる行為の想定例

> **想定例 39** **生産設備等の稼働制限を伴う共同生産等**
>
> 　商品Aの製造販売業者X及びYは、商品Aの製造販売市場において合計市
> 場シェア70%を占める。X及びYは、商品Aの製造販売に当たって排出され
> る温室効果ガスを効果的に削減するため、商品Aの生産数量については各社
> が独自の判断を維持しつつも、<u>事前に希望を出し合って調整した上で、互いの
> 製造拠点が重複する地域に関して、どちらかの製造拠点を閉鎖し、当該製造拠
> 点において製造していた商品Aについてはもう一方の事業者に対して製造委
> 託を行うこと</u>とした。
>
> ［解説］
>
> 　この行為については、競争者であるX及びYの間において、共同生産等の
> 対象となる商品Aの供給に要するコスト構造が共通化することにより、協調
> 的な行動が助長されるおそれがあり、独占禁止法上問題となる。
>
> 　他方、X及びYの合計市場シェアが低い場合、輸入による競争圧力や新規
> 参入による競争圧力が認められる場合のほか、製造段階におけるコスト構造が
> 共通化しても商品Aの販売価格については競争が期待される事情が認められ
> る場合など、異なる状況や追加的事情が認められる場合には、独占禁止法上問
> 題なく実施することができる可能性がある。

解説

　グリーン社会の実現に向けた取組としての共同生産等が独占禁止法上問題
となる場合として、ここでは一つの想定例が挙げられている。想定例 39 は、
①共同生産の参加事業者の商品の製造販売市場において合計市場シェアが高
い（70%）こと、②商品の生産数量については各社が独自の判断を維持しつ
つも、事前に希望を出し合って調整した上で、互いの製造拠点が重複する地
域に関して、どちらかの製造拠点を閉鎖し、当該製造拠点において製造してい
た当該商品についてはもう一方の事業者に対して製造委託を行うこととす

ることにより、当該製造委託の対象となる商品の供給に要するコスト構造が共通化するおそれがあることを総合考慮すると、独占禁止法上問題となる。

このように、共同生産等の対象商品の販売市場に占める共同生産等への参加者の市場シェアが高く、共同生産等の対象商品の供給に要するコスト構造が共通化するなどの場合には、共同生産等への参加者間において当該商品の販売価格等の重要な競争手段に係る意思決定の一体化が図られ、また、協調的な行動が助長されることにより、共同生産等の対象商品の販売市場における競争が実質的に制限される場合には、独占禁止法上問題となる。

想定例39 については、令和6年改定により「商品Aの生産数量については各社が独自の判断を維持しつつも、」との記載が追加されている。これは、各社が生産数量について合意をするような行為については生産数量カルテルとして問題となるが、仮にそのような行為がなく、生産数量については独自の判断が維持されるような場合であっても問題となることを明確化したものである。また、同改定により解説も追加されている。解説では前記のとおり、想定例39 が問題となることの説明に加え、X及びYの合計市場シェアが低い場合、輸入による競争圧力や新規参入による競争圧力が認められる場合のほか、製造段階におけるコスト構造が共通化しても商品Aの販売価格については競争が期待される事情が認められる場合など、異なる状況や追加的事情が認められる場合には、独占禁止法上問題なく実施することができる可能性があることが説明されている。

㈭　販売連携

㈭　販売連携
　事業者等が、商品又は役務の販売事務や販売促進活動等の共同での実施（以下「販売連携」という。）を行うことが考えられる。販売連携により、例えば、温室効果ガス削減に資する技術を用いた新たな商品又は役務の市場の迅速な立上げや需要の拡大が図られる場合、温室効果ガス削減量を増やし、グリーン社会の実現に貢献するものと考えられる。
　販売連携は、需要者に最も近い位置での提携関係であり、重要な競争手段（価格等）を直接的に共同化しないよう留意が必要であるが、独占禁止法上問題なく実施できるものもある。しかしながら、販売連携の対象となる商品

又は役務の販売市場における競争が実質的に制限される場合、独占禁止法上問題となる。

　このため、販売連携に係る独占禁止法上問題となるか否かの検討に当たっては、まず、競争制限効果の有無について、以下の点を考慮して検討が行われる。

①　販売連携の対象となる商品又は役務の販売市場における販売連携への参加者の市場シェアや競争者の存在等

②　販売連携の対象となる商品の価格、数量、取引先等の重要な競争手段である事項が制限されないこと

　競争制限効果がない場合は独占禁止法上問題とはならず、競争制限効果が認められる場合は、取組の目的の合理性及び手段の相当性を勘案しつつ、当該取組から生じる競争制限効果及び競争促進効果について総合的に考慮して、競争の実質的制限を生じさせるものであるか否かを判断することとなる。

解説

　グリーン社会の実現に向けた取組としての販売連携に係る独占禁止法上の考え方について、総論が述べられている（事業者団体ガイドライン第2の11も参照）。すなわち、このような販売連携は、需要者に最も近い位置での提携関係であり、重要な競争手段（価格等）を直接的に共同化しないよう留意が必要であるが、独占禁止法上問題なく実施できるものもある。

　このような販売連携が独占禁止法上問題となるか否かの検討に当たっては、まず、競争制限効果の有無について、販売連携の対象となる商品又は役務の販売市場の状況や、販売連携の対象となる商品について価格、数量、取引先等の重要な競争手段である事項が制限されないかを考慮して検討が行われる。販売連携を通じて、販売連携の対象となる商品の価格、数量、取引先等の重要な競争手段である事項が制限される場合、競争制限効果のみをもたらす行為に該当し、原則として独占禁止法上問題となる。

　その上で、こうした内容を含むために競争制限効果が認められる場合は、取組の目的の合理性及び手段の相当性を勘案しつつ、競争制限効果及び競争促進効果について総合的に考慮して、競争の実質的制限を生じさせるものであるか否かが判断されることとなる。

●独占禁止法上問題とならない行為の想定例

> ▎想定例 40 ▎ **温室効果ガス削減に資する商品又は役務に関する販売促進活動の共同実施**
>
> 　商品Aについては、製造過程における温室効果ガス排出量が大きいことが指摘されていたが、商品Aの製造販売業者各社がこれまで実施してきた研究開発の成果により、最近の商品Aは大幅に温室効果ガス排出量が削減されている。しかし、温室効果ガス排出量が大きいという需要者側の認識が改善されるまでに至っておらず、最近の商品Aに関する需要が伸びていない。そこで、商品Aの製造販売業者により構成される事業者団体Xは、<u>最近の商品A</u><u>がカーボンニュートラルに貢献できることをアピールするために</u>、商品Aの温室効果ガス排出量が削減されていることを啓発する需要者向けの文書を策定・発出することとした。
>
> 　事業者団体Xの会員事業者間で、商品Aの価格等の<u>重要な競争手段である</u><u>事項について情報交換を行わず、会員事業者は引き続き独立して販売活動を行</u><u>う</u>。
>
> ▎想定例 41 ▎ **温室効果ガス削減に資する商品又は役務の提供のための共同設備利用**
>
> 　近年、温室効果ガス排出量を大幅に削減することができるリチウムイオン電池Aを搭載した輸送機器Bの開発が進んでいる。輸送機器Bの製造販売を計画している事業者X、Y及びZの3社は、輸送機器Bの需要拡大を通じて、新たな市場の創設及び温室効果ガス排出量の大幅な削減を行うため、<u>需要拡大</u><u>のために不可欠だがコストの掛かるリチウムイオン電池Aを充電するための</u><u>専用ステーションの設置を共同で支援する</u>こととした。
>
> 　3社は、設置された専用ステーションの運営を、設置主体となる第三者に委ね、<u>利用料金の設定等の事業運営に関与しない</u>。また、3社は、輸送機器Bの販売価格等の<u>重要な競争手段である事項について情報交換を行わず、各社は独</u><u>立して販売活動を行う</u>。専用ステーションを今後設立しようと計画している事業者は、<u>3社以外に多数存在するところ、</u><u>今般の共同の取組が契機となって、</u><u>輸送機器Bの市場が拡大することが見込まれる</u>。

▎解説▎

　グリーン社会の実現に向けた取組としての販売連携が独占禁止法上問題とならない場合としては様々なものが考えられるが、ここでは二つの想定例が

挙げられている。これらのうち、想定例40 は、特定の商品の製造販売業者により構成される事業者団体が、当該商品の温室効果ガス排出量が削減されていることを啓発する需要者向けの文書を策定・発出しつつ、当該事業者団体の会員事業者間で、当該商品の価格等の重要な競争手段である事項について情報交換を行わず、会員事業者は引き続き独立して販売活動を行う場合であるため問題とならない。想定例41 は、共同設備を設置した事業者が、設置された共同設備の運営を、設置主体となる第三者に委ね、利用料金の設定等の事業運営に関与せず、また、当該事業者は、共同設備を利用する商品の販売価格等の重要な競争手段である事項について情報交換を行わず、各社は独立して販売活動を行い、さらに、今般の共同の取組が契機となって、当該商品の市場が拡大することが見込まれる場合であるため問題とならない。このように、競争制限効果がない場合、又は、競争制限効果が存在する場合であっても、その程度が軽微であって、取組の目的の合理性及び手段の相当性を勘案しつつ、競争制限効果及び競争促進効果を総合的に考慮して、市場における競争を実質的に制限すると判断されないときには、独占禁止法上問題とならない。

● 独占禁止法上問題となる行為の想定例

想定例42 価格等の制限を伴う販売促進活動の共同実施等

　役務Aを提供する事業者X、Y及びZの3社は、それぞれ、役務Aの提供に当たって排出される温室効果ガス削減に取り組んでおり、一定の成果が得られていることから、当該成果を共同でアピールし、消費者の需要拡大を行うこととした。そこで、3社は、役務Aの提供に係る温室効果ガス排出量の削減情報を掲載するウェブサイトを立ち上げ、共同で決定した役務Aの参考価格を記載した。

解説

　グリーン社会の実現に向けた取組としての販売連携が独占禁止法上問題となる場合として、ここでは一つの想定例が挙げられている。想定例42 は、特定の役務を提供する事業者が、当該役務の提供に係る温室効果ガス排出量の削減情報を掲載するウェブサイトを立ち上げ、共同で決定した当該役務の

参考価格を記載した場合であるため問題となる。このように、販売連携の対象となる商品又は役務の販売市場における競争が実質的に制限される場合には、独占禁止法上問題となる。

（ク）　データ共有

（ク）　データ共有

　　　事業者等が、特定の商品の製造における温室効果ガス排出量を業界全体で収集・共有する取組や、新たな温室効果ガス削減技術を自社で開発するために、特定の役務を供給する際に生じる温室効果ガス排出量を複数の競争者と共同で収集・共有する取組（以下「データ共有」という。）を行うことが考えられる。

　　　データ共有は、事業者等による広い範囲でのデータの収集が可能になり、グリーン社会の実現に向けた具体的な取組の検討を行うに当たり、重要な要素になるものと考えられる。その検討の結果として、温室効果ガスの排出量を減らした新たな商品又は役務の開発、既存の商品又は役務の供給に当たって排出される温室効果ガスの削減、安全性の向上、及び標準化によるデータの相互運用性や統一性の向上を通じた技術の普及等が図られた場合、グリーン社会の実現に貢献するものと考えられる。

　　　しかしながら、データ共有によって、当該データ共有の参加者が販売する商品又は役務に係る価格、数量等の重要な競争手段である事項を相互に把握し協調的な行動が促進されることにより、又は本来ならば個々の事業者が実施するデータ収集が制限されることにより、データ共有の対象である商品又は役務の販売市場における競争が実質的に制限される場合、独占禁止法上問題となる。

　　　このため、データ共有に係る独占禁止法上問題となるか否かの検討に当たっては、まず、競争制限効果の有無について、以下の点を考慮して検討が行われる。

① 　参加者の数、市場シェア等

② 　収集されるデータの性質（収集されるデータを用いた研究開発におけるデータの重要性、当該データを用いた商品又は役務への投入財としてのデータの重要性等）

③ 　データ共有の必要性

④ 　対象範囲、期間等

⑤ 　商品又は役務の販売分野における独立した活動（価格や数量等の情報交

換・共有を行わないこと）

　競争制限効果がない場合は独占禁止法上の問題とはならず、競争制限効果が認められる場合は、取組の目的の合理性及び手段の相当性を勘案しつつ、当該取組から生じる競争制限効果及び競争促進効果について総合的に考慮して、競争の実質的制限を生じさせるものであるか否かを判断することとなる。

解説

　グリーン社会の実現に向けた取組としてのデータ共有について、総論が述べられている（データ検討会報告書第4章1(2)参照）。データ共有に関連する論点として、情報交換があるが、この点については、第1の1に一般的な考え方が記載されているほか、想定例7、想定例8、想定例14及び想定例15に記載がある。

　このようなデータ共有は、事業者等による広い範囲でのデータの収集を可能とするため、グリーン社会の実現に向けた具体的な取組の検討を行うに当たり、重要な要素になるものと考えられる。その検討の結果として、温室効果ガスの排出量を減らした新たな商品又は役務の開発、既存の商品又は役務の供給に当たって排出される温室効果ガスの削減、安全性の向上、及び標準化によるデータの相互運用性や統一性の向上を通じた技術の普及等が図られた場合、グリーン社会の実現に貢献するものと考えられる。

　このようなデータ共有が独占禁止法上問題となるか否かの検討に当たっては、まず、競争制限効果の有無について、参加者の数や市場シェア等の関連市場の状況に加えて、収集されるデータの性質、共有の必要性、対象範囲、期間等のほか、商品又は役務の販売分野における独立した活動の状況を考慮して検討が行われる。

　その上で、競争制限効果が認められる場合は、取組の目的の合理性及び手段の相当性を勘案しつつ、競争制限効果及び競争促進効果について総合的に考慮して、競争の実質的制限を生じさせるものであるか否かが判断されることとなる。

● 独占禁止法上問題とならない行為の想定例

想定例 43 温室効果ガス削減に向けた取組のために必要なデータの共同
での収集・利用

　商品Ａの製造販売業者Ｘ、Ｙ及びＺの３社は、商品Ａの製造販売市場にお
ける合計市場シェアが60％を超えているところ、それぞれ、商品Ａの利用に
伴い排出される温室効果ガスに係る削減技術の研究開発に取り組んでいる。当
該研究開発においては、商品Ａの利用に伴う温室効果ガス排出量に関する
データをより多くの需要者から収集することが、研究を進展させるために必要
不可欠である。そこで、３社は、自社が販売した商品Ａが需要者に利用される
際に発生した温室効果ガス排出量に関するデータを収集し、相互に共有するこ
とで、お互いの研究開発に役立てることとした。

　収集・共有するデータは需要者等が匿名化又は抽象化されて提供されるとと
もに、商品Ａの利用に伴う温室効果ガス排出量に限定され、商品Ａの価格等
の重要な競争手段である事項については共有しない。また、商品Ａの温室効
果ガス削減技術に関する研究開発は、今後も独立して実施する。

想定例 44 温室効果ガス削減に向けた取組のために必要なデータの収集・分
析

　商品Ａの製造販売業者Ｘ、Ｙ及びＺの３社は、商品Ａの製造過程で排出さ
れる温室効果ガス削減を目的として、製造工程の一部を担う新しい生産設備を
商品Ａの原材料Ｂの製造販売業者Ｗとともに、共同で設置・運用することを
検討しているところ、当該検討に当たっては、３社の供給能力や負担可能なコ
ストといった、重要な競争手段に関する情報を互いに共有し、それを分析した
結果を踏まえる必要がある。

　そこで、３社及びＷは、３社及びＷの営業部門の担当者を含まない特別
チームを設立し、当該チームにおいて３社の情報を収集・分析した上で、設
備の設置・運用に向けた検討を行うこととした。また、３社及びＷは、当該
チームに対し、収集した情報を当該チーム外に共有することを禁止するととも
に、設備の設置・運用に係る会社としての意思決定のためにやむを得ない場合
には、収集した情報を客観的に統計処理する、いずれの事業者が提供した情報
であるのか分からないよう加工するなどした上、３社及びＷの管理部門のみ
に共有し、当該チームが収集した情報を利用して商品Ａの製造販売に関する
協調的な行動が促進されないよう適切な措置を採ることとした。

解説

　グリーン社会の実現に向けた取組としてのデータ共有が独占禁止法上問題とならない場合としては様々なものが考えられるが、ここでは二つの想定例が挙げられている。これらのうち、想定例43 は、収集・共有するデータは需要者等が匿名化又は抽象化されて提供されるとともに、特定の商品の利用に伴う温室効果ガス排出量に限定され、当該商品の価格等の重要な競争手段である事項については共有されず、また、当該商品の温室効果ガス削減技術に関する研究開発は、今後も独立して実施する場合であるため問題とならない。想定例44 は、データ共有を行う事業者が、当該事業者の営業部門の担当者を含まない特別チームを設立し、当該チームにおいて当該事業者の情報を収集・分析した上で、設備の設置・運用に向けた検討を行うこととし、また、当該事業者が、当該チームに対し、収集した情報を当該チーム外に共有することを禁ずるとともに、設備の設置・運用に係る会社としての意思決定のためにやむを得ない場合には、収集した情報を客観的に統計処理する、いずれの事業者が提供した情報であるのか分からないよう加工するなどした上、当該事業者の管理部門のみに共有し、当該チームが収集した情報を利用して商品の製造販売に関する協調的な行動が促進されないよう適切な措置を採るとした場合であるため問題とならない。「特別チーム」については、コンサルタントや研究機関等の第三者を利用する方法も同様であると考えられる。このように、競争制限効果がない場合、又は、競争制限効果が存在する場合であっても、その程度が軽微であって、取組の目的の合理性及び手段の相当性を勘案しつつ、競争制限効果及び競争促進効果を総合的に考慮して、市場における競争を実質的に制限すると判断されないときには、独占禁止法上問題とならない。

　また、競争関係にない事業者間でのデータ共有は、市場における競争単位の数を減少させないので、競争者間でのデータ共有と比べて競争に与える影響は大きくなく、市場の閉鎖性・排他性、協調的行動等による競争の実質的制限の問題を生じない限り、通常、独占禁止法上問題となることはない（データ検討会報告書第4章1(2)※1）。

●独占禁止法上問題となる行為の想定例

> **想定例45** 価格等の共有を伴う温室効果ガス削減に向けた取組のために
> 必要なデータの共同での収集・利用
>
> 役務Aを提供する事業者により構成される事業者団体Xは、役務Aの提供
> に当たって排出される温室効果ガスの削減に向けて、サービス改善の検討に役
> 立てられるよう、会員事業者各社が役務Aの提供に当たって排出している温
> 室効果ガスの排出量に関するデータを収集し、傾向を分析することとした。こ
> の際、会員事業者各社が個々の顧客に対して提示している価格、数量等の取引
> 条件も併せて収集し、会員事業者間で共有した。
>
> ［解説］
>
> この行為については、事業者団体Xが、競争者である会員事業者各社の価
> 格、数量等の取引条件を収集し、共有することで、協調的な行動が促進される
> こと等により独占禁止法上問題となる。
>
> 他方、価格、数量等の取引条件を共有することが脱炭素のためのサービス改
> 善のために必要であり、より競争制限的でない他の代替手段がない状況におい
> ては、事業者団体Xの会員事業者の合計市場シェアが低い場合や、事業者団
> 体が会員事業者各社に共有するデータが、第三者によって分析され、傾向のみ
> を示すものであって、会員事業者各社のデータが関連する会員事業者が特定さ
> れる形では共有されない場合など、異なる状況や追加的事情が認められる場合
> には、独占禁止法上問題なく実施することができる可能性がある。

解説

　グリーン社会の実現に向けた取組としてのデータ共有が独占禁止法上問題
となる場合として、ここでは一つの想定例が挙げられている。**想定例45** は、
特定の役務を提供する事業者により構成される事業者団体が、当該役務の提
供に当たって排出している温室効果ガスの排出量に関するデータを収集し、
傾向を分析する際、会員事業者各社が個々の顧客に対して提示している価
格・数量等の取引条件も併せて収集し、会員事業者間で共有することにより、
協調的な行動が促進される場合であるため問題となる。このように、データ
共有によって、当該データ共有の参加者が販売する商品又は役務に係る価格、
数量等の重要な競争手段である事項を相互に把握し協調的な行動が促進され
ることにより、又は本来ならば個々の事業者が実施するデータ収集が制限さ
れることにより、データ共有の対象である商品又は役務の販売市場における

競争が実質的に制限される場合には、独占禁止法上問題となる。

　想定例 45 については、令和6年改定により解説が追加されている。前記のとおり、想定例 45 が問題となることの説明に加え、仮に、価格、数量等の取引条件を共有することが脱炭素のためのサービス改善のために必要であり、より競争制限的でない他の代替手段がない状況においては、事業者団体Xの会員事業者の合計市場シェアが低い場合や、事業者団体が会員事業者各社に共有するデータが、第三者によって分析され、傾向のみを示すものであって、会員事業者各社のデータが関連する会員事業者が特定される形では共有されない場合など、異なる状況や追加的事情が認められる場合には、独占禁止法上問題なく実施することができる可能性があることが説明されている。

第2 取引先事業者の事業活動に対する制限及び取引先の選択

第2　取引先事業者の事業活動に対する制限及び取引先の選択

　事業者等が、温室効果ガス削減を目的として、取引先事業者の販売商品、販売地域、販売先、販売方法等を制限する行為や、取引先事業者との取引を打ち切る行為を行うことがある。

　このような、主に垂直的な取引関係においてみられる事業者等の取組は、温室効果ガス削減という目的のために実施される場合、競争制限効果をもたらさないことも多い。また、取引先事業者の事業活動に対する制限の結果として、購入しようとする商品の販売方法が統一されて消費者の利便性が高まる、取引先事業者が必要な投資を行い市場が拡大する、温室効果ガス削減に関して積極的に取り組む取引先事業者が増えることなどによる競争促進効果が生じる場合もある。そのため、グリーン社会の実現に向けた取組として取引先事業者の事業活動に対する制限や取引先の選択が行われた場合、独占禁止法上問題とならないことが多い。

取引先事業者の事業活動に対する制限　　　取引先の選択

　以下では、取引先事業者の事業活動に対する制限及び取引先の選択のそれぞれについて、行為類型ごとに、「独占禁止法上問題とならない行為」及び「独占禁止法上問題となる行為」の二つに大別し、想定例を挙げながら説明する。

　なお、後記1及び2で説明する判断枠組み等をまとめて図示すると以下のとおり。

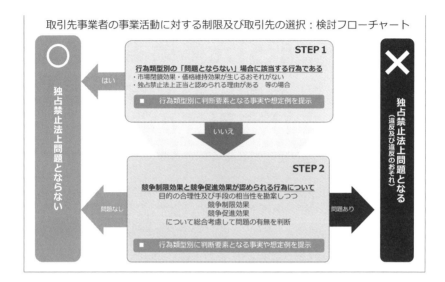

取引先事業者の事業活動に対する制限及び取引先の選択：検討フローチャート

○ 独占禁止法上問題とならない

はい

STEP 1
行為類型別の「問題とならない」場合に該当する行為である
・市場閉鎖効果・価格維持効果が生じるおそれがない
・独占禁止法上正当と認められる理由がある　等の場合

■ 行為類型別に判断要素となる事実や想定例を提示

いいえ

問題なし

STEP 2
競争制限効果と競争促進効果が認められる行為について
目的の合理性及び手段の相当性を勘案しつつ
競争制限効果
競争促進効果
について総合考慮して問題の有無を判断

■ 行為類型別に判断要素となる事実や想定例を提示

問題あり

✕ 独占禁止法上問題となる（違反及び違反のおそれ）

解説

　第2は、グリーン社会の実現に向けた取組としての「取引先事業者の事業活動に対する制限及び取引先の選択」、いわゆる「垂直的制限行為」に係る独占禁止法上の考え方を説明している。このうち、「取引先事業者」とは、特段の記載がない場合には直接又は間接の取引先事業者をいう（以下第2において同じ。）。また、垂直的制限行為としては、再販売価格維持行為と、取引先事業者の取扱商品、販売地域、取引先等の制限を行う行為（非価格制限行為）があるが、グリーンガイドラインにおいては、グリーン社会の実現に向けた取組として主に想定される非価格制限行為についての考え方を示している。さらに、第2では主に独占禁止法第2条第9項（不公正な取引方法）についての考え方を整理していることから、第2における「競争制限効果」は主に競争を阻害する効果を意味するが、同条第5項（私的独占）及び同条第6項（不当な取引制限）についての考え方に関する部分においては競争を制限する効果を意味する。

　グリーンガイドラインが、共同の取組（第1）や企業結合（第4）等のみならず、垂直的制限行為もカバーしている理由は、サプライチェーン全体での脱炭素の取組が必要とされているため、取引段階を異にする事業者間の行

為が独占禁止法上問題となるのか否かについて示すことにも、事業者等のニーズがあると考えられるためである。

　グリーン社会の実現に向けた取組として垂直的制限行為が行われた場合、独占禁止法上問題とならないことが多いが、グリーンガイドライン内の検討フローチャートでは、次のような分析枠組みが示されている。まず、STEP1として、市場閉鎖効果・価格維持効果が生じるおそれがない、独占禁止法上正当と認められる理由がある等の場合であり、行為類型別の「問題とならない」場合に該当する行為であるかを判断する。このうち、「市場閉鎖効果」とは、新規参入者や既存の競争者にとって、代替的な取引先を容易に確保することができなくなり、市場から排除される又はこれらの取引機会が減少するような状態をもたらすおそれを生じさせる効果である（流通・取引慣行ガイドライン第1部3(2)ア参照）。また、「価格維持効果」とは、当該行為の相手方とその競争者間の競争が妨げられ、当該行為の相手方がその意思で価格をある程度自由に左右し、当該商品の価格を維持し又は引き上げることができるような状態をもたらすおそれを生じさせる効果である（流通・取引慣行ガイドライン第1部3(2)イ参照）。このSTEP1が「はい」である場合は、独占禁止法上問題とならない。「いいえ」の場合には、STEP2に進む。STEP2では、競争制限効果と競争促進効果が認められる行為について、目的の合理性及び手段の相当性を勘案しつつ、競争制限効果及び競争促進効果について総合考慮し、独占禁止法上の問題の有無が判断される。

　なお、「購入しようとする商品の販売方法が統一されて消費者の利便性が高まる」場合の具体例としては、事業者団体が、構成事業者の商品に係る温室効果ガス削減の自主基準を定め、自主基準を満たした構成事業者には、それを保証するラベルを発行し、自主基準を満たさない構成事業者には、当該ラベルを発行しない行為を行うことにより、温室効果ガス削減の自主基準を満たす商品の販売方法は、ラベルを貼付する方法に統一され、温室効果ガス削減効果の高い商品を希望する消費者はラベルを信用して商品を購入でき、利便性が高まるといった場合があると考えられる。

1 取引先事業者の事業活動に対する制限

(1) 取引先事業者に対する自己の競争者との取引や競争品の取扱いに関する制限

ア 独占禁止法上問題とならない行為

---

1 取引先事業者の事業活動に対する制限

　(1) 取引先事業者に対する自己の競争者との取引や競争品の取扱いに関する制限

　　事業者が、グリーン社会の実現に向けた取組の中で、マーケティングの一環として、取引先事業者と取引するに当たり、自己（自己と密接な関係にある事業者を含む。以下同じ。）の競争者との取引等の制限を行うことが考えられる。

　　具体的には、以下の行為が挙げられる。

・　取引先事業者に対し自己の競争者と取引しないよう拘束する条件を付けて取引する行為

・　取引先事業者に自己の競争者との取引を拒絶させる行為

・　取引先事業者に対し自己の商品と競争関係にある商品（以下「競争品」という。）の取扱いを制限するよう拘束する条件を付けて取引する行為

　　ア　独占禁止法上問題とならない行為

　　　自己の競争者との取引や競争品の取扱いに関する制限について、以下の場合には、独占禁止法上問題とならない。

・　取組の内容及び態様や市場の状況から市場閉鎖効果が生じるおそれがないもの

　　例えば、市場におけるシェアが20％以下である事業者や新規参入者が、取引先事業者に対する自己の競争者との取引や競争品の取扱いに関する制限を行う場合には、通常、公正な競争を阻害するおそれはなく、違法とはならない。

・　例えば、次のように、独占禁止法上正当と認められる理由があるもの

　①　完成品メーカーが部品メーカーに対し、原材料を支給して部品を製造させている場合に、その原材料を使用して製造した部品を自己にのみ販売させること

　②　完成品メーカーが部品メーカーに対し、ノウハウ（産業上の技術に係るものをいい、秘密性のないものを除く。）を供与して部品を

製造させている場合であって、そのノウハウの秘密を保持し、又はその流用を防止するために必要であると認められるときに自己にのみ販売させること

解説

　グリーン社会の実現に向けた取組としての取引先事業者に対する自己の競争者との取引や競争品の取扱いに関する制限について、独占禁止法上問題とならない行為に係る総論が述べられている（流通・取引慣行ガイドライン第1部第2の2も参照）。すなわち、このような取引先事業者に対する自己の競争者との取引や競争品の取扱いに関する制限について、①取組の内容及び態様や市場の状況から市場閉鎖効果が生じるおそれがないもの、②独占禁止法上正当と認められる理由があるものは、独占禁止法上問題とならない。

　このうち、前記①については、市場シェアが20％以下である事業者や新規参入者が行う場合には、違法とはならない。ただし、市場シェアが20％超の事業者が行う場合であるからといって、直ちに問題となるものではない。また、前記②については、完成品メーカーが部品メーカーに対し、原材料を支給して部品を製造させている場合に、当該部品を自己のみに販売させること等が該当するとしている。

　なお、「自己と密接な関係にある事業者」とは、自己と共通の利害関係を有する事業者をいい、これに該当するか否かは、株式所有関係、役員兼任・派遣関係、同一のいわゆる企業集団に属しているか否か、取引関係、融資関係等を総合的に考慮して個別具体的に判断される。

● 独占禁止法上問題とならない行為の想定例

> **想定例46**　**設備投資が必要な商品を供給する条件としての継続的な購入等の義務付け**
>
> 　製造販売業者Xは、製造過程における温室効果ガス排出量を従来品に比べて大幅に削減した新たな部品Aを開発した。Xは、従来の部品Aの製造販売市場において<u>市場シェア25％を占めるが、他にも市場シェア20％のY、市場シェア15％のZ等が存在する</u>。
>
> 　部品Aは完成品Bの製造に用いられるところ、完成品Bの製造販売業者複

数社から、今後、大量の部品Aを継続的に購入したいとの意向が示されている。Xが部品Aを大量に生産するためには、生産設備の増強のために一定の投資を行う必要がある。Xは、投資コストを確実に回収するため、自社の部品Aの購入を希望する取引先に対しては、コスト回収のために必要な今後3年間、自社の部品Aを継続的に一定量購入することを義務付けた。Y及びZも、製造過程における温室効果ガス排出量を大幅に削減した新たな部品Aの販売を開始しており、引き続き新たな部品Aを調達しようとする事業者との取引機会を確保することが可能な状況にある。

解説

　グリーン社会の実現に向けた取引としての取引先事業者に対する自己の競争者との取引や競争品の取扱いに関する制限が独占禁止法上問題とならない場合としては様々なものが考えられるが、ここでは一つの想定例が挙げられている。

　想定例46 は、温室効果ガス排出量を大幅に削減することができる部品を開発した部品メーカーが、取引先に対し、投資コスト回収のために必要な期間、自社の部品を継続的に一定量購入することを義務付ける行為について、他の部品メーカーも温室効果ガス排出量を大幅に削減した部品の販売を開始しており、引き続き取引先との取引機会を確保することが可能な状況にある場合であるため問題とならない。すなわち、①行為者の市場シェアは25％であるものの、市場シェア20％、15％等の競争者が存在することから市場閉鎖効果が生じるおそれがなく、また、②投資コスト回収のために必要という正当化理由があることから、独占禁止法上問題とならない。

　イ　独占禁止法上問題となる行為

　イ　独占禁止法上問題となる行為
　　市場における有力な事業者が、取引先事業者に対する自己の競争者との取引や競争品の取扱いに関する制限を行う場合など、市場閉鎖効果が生じる場合には、独占禁止法上問題となる。
　　この場合、独占禁止法上問題となるか否かは、当該行為の目的の合理性及び手段の相当性を勘案しつつ、取引先事業者の事業活動に対する制限等から生じる競争制限効果及び競争促進効果について総合的に考慮して判断され

る。具体的には、行為の態様のほか、次の各要素が総合的に勘案される。また、競争制限効果及び競争促進効果を考慮する際は、各取引段階における潜在的競争者への影響も踏まえる必要がある。

① ブランド間競争の状況（市場集中度、商品特性、製品差別化の程度、流通経路、新規参入の難易性等）

② ブランド内競争の状況（価格のバラツキの状況、当該商品を取り扱っている流通業者等の業態等）

③ 当該行為を行う事業者の市場における地位（市場シェア、順位、ブランド力等）

④ 当該行為の対象となる取引先事業者の事業活動に及ぼす影響（制限の程度・態様等）

⑤ 当該行為の対象となる取引先事業者の数及び市場における地位
　各事項の重要性は個別具体的な事例ごとに異なり、垂直的制限行為を行う事業者の事業内容等に応じて、各事項の内容も検討する必要がある。

解説

　グリーン社会の実現に向けた取組としての取引先事業者に対する自己の競争者との取引や競争品の取扱いに関する制限について、独占禁止法上問題となる行為に係る総論が述べられている。すなわち、市場における有力な事業者が、取引先事業者に対する自己の競争者との取引や競争品の取扱いに関する制限を行う場合など、市場閉鎖効果が生じる場合には、一定の競争制限効果を有し、市場における競争を実質的に制限するとき（独占禁止法第2条第5項及び第6項）、又は公正な競争を阻害するおそれがあるとき（同条第9項）に独占禁止法上問題となる。

　この場合、独占禁止法上問題となるか否かは、当該行為の目的の合理性及び手段の相当性を勘案しつつ、取引先事業者の事業活動に対する制限等から生じる競争制限効果及び競争促進効果について総合的に考慮して判断される。具体的には、行為の態様のほか、ブランド間競争の状況及びブランド内競争の状況や、当該行為を行う事業者の市場における地位、当該行為の対象となる取引先事業者の事業活動に及ぼす影響、当該行為の対象となる取引先事業者の数及び市場における地位が総合的に勘案される。各事項の重要性は個別具体的な事例ごとに異なり、垂直的制限行為を行う事業者の事業内容等に応

じて、各事項の内容も検討する必要がある（流通・取引慣行ガイドライン第1部3も参照）。

このうち、「ブランド間競争」とは、メーカー等の供給者間の競争及び異なるブランドの商品を取り扱う流通業者等の間の競争をいう（流通・取引慣行ガイドライン第1部1(1)）。また、「ブランド内競争」とは、同一ブランドの商品を取り扱う流通業者等の間の競争をいう（同(1)）。

「市場における有力な事業者」と認められるかどうかについては、当該市場（制限の対象となる商品と機能・効用が同様であり、地理的条件、取引先との関係等から相互に競争関係にある商品の市場をいい、基本的には、需要者にとっての代替性という観点から判断されるが、必要に応じて供給者にとっての代替性という観点も考慮される。）におけるシェアが20%を超えることが一応の目安となる。ただし、この目安を超えたのみで、その事業者の行為が違法とされるものではなく、当該行為によって「市場閉鎖効果が生じる場合」又は「価格維持効果が生じる場合」に違法となる。」（流通・取引慣行ガイドライン第1部3(4)）。

●独占禁止法上問題となる行為の想定例

想定例 47　小売業者に対する競争品の取扱い禁止

商品Aの製造販売業者Xが販売する商品は、同種の商品と比べて差別化されており、一般消費者から高い支持を受けている。

Xは、従来品に比べて環境負荷が小さい新たな商品Aの販売を開始するに当たって、需要を確保するため、今後、自社の新たな商品Aを販売しようとする小売業者に対して、競争品を取り扱わないことを義務付けることとした。Xは市場における有力な事業者であり、Xが販売する新たな商品Aの専売を義務付けられることにより、商品Aを販売する他の製造販売業者が代替的な販売先を確保することが困難となるような相当数の小売業者が、競争品を取り扱うことができなくなる。

解説

グリーン社会の実現に向けた取組としての取引先事業者に対する自己の競争者との取引や競争品の取扱いに関する制限が独占禁止法上問題となる場合

として、ここでは一つの想定例が挙げられている。想定例47 は、同種の商品と比べて差別化されており、一般消費者から高い支持を受けている商品を販売している製造販売業者が、従来品に比べて環境負荷が小さい新たな商品の販売を開始するに当たって、需要を確保するため、小売業者に対して、競争品を取り扱わないことを義務付ける行為について、他の製造販売業者が代替的な販売先を確保することが困難となる場合であるため問題となる。

(2) 販売地域に関する制限

ア 独占禁止法上問題とならない行為

> (2) 販売地域に関する制限
>   事業者が、商品の効率的な販売拠点の構築やアフターサービス体制の確保等のため、流通業者に対して責任地域制や販売拠点制を採ることが考えられる。
>
>   ア 独占禁止法上問題とならない行為
>   事業者の行為が、厳格な地域制限又は地域外顧客への受動的販売の制限に該当しない限り、通常、これによって価格維持効果が生じることはなく、独占禁止法上問題とならない。
>   また、厳格な地域制限については、市場におけるシェアが20％以下である事業者や新規参入者が行う場合には、通常、公正な競争を阻害するおそれはなく、違法とはならない。

解説

グリーン社会の実現に向けた取組としての販売地域に関する制限について、独占禁止法上問題とならない行為に係る総論が述べられている（流通・取引慣行ガイドライン第1部第2の3も参照）。すなわち、事業者が流通業者に対して責任地域制や販売拠点制を採ることが考えられるが、その行為が、厳格な地域制限又は地域外顧客への受動的販売の制限に該当しない限り、通常、これによって価格維持効果が生じることはなく、独占禁止法上問題とならない。

また、厳格な地域制限については、市場におけるシェアが20％以下である事業者や新規参入者が行う場合には、通常、公正な競争を阻害するおそれ

はなく、違法とはならない。ただし、市場シェアが20％超の事業者が行う場合であるからといって、直ちに問題となるものではない。

「責任地域制」とは、事業者が流通業者に対して、一定の地域を主たる責任地域として定め、当該地域内において、積極的な販売活動を行うことを義務付けること（主たる責任地域を設定するのみであって、厳格な地域制限及び地域外顧客への受動的販売の制限に該当しないもの）をいう。また、「販売拠点制」とは、事業者が流通業者に対して、店舗等の販売拠点の設置場所を一定地域内に限定したり、販売拠点の設置場所を指定すること（販売拠点を制限するのみであって、厳格な地域制限及び地域外顧客への受動的販売の制限に該当しないもの）をいう。これに対し、「厳格な地域制限」とは、事業者が流通業者に対して、一定の地域を割り当て、地域外での販売を制限することをいう。また、「地域外顧客への受動的販売の制限」とは、事業者が流通業者に対して、一定の販売地域を割り当て、地域外からの顧客の求めに応じた販売をも制限することをいう。

● 独占禁止法上問題とならない行為の想定例

■想定例48 商品の提供に必要な設備投資等を促進することを目的とした販売地域の割当て

　製造販売業者Ｘが新たに販売する輸送機器Ａは、従来品に比べて省エネルギー性能に優れているところ、特殊な技術を用いて製造されていることから、流通業者が修理やメンテナンス業務を行うことが必須であり、それを行うために、流通業者自身による高額のコスト負担を伴う専用設備の設置が必要となる。

　Ｘは、流通業者が専用設備の設置を積極的に行うインセンティブを確保し、十分な設備投資を行わせるとともに、ユーザーが十分な修理及びメンテナンスを受けられるようにすることを目的として、新たに販売する輸送機器Ａについては、一定の地域における販売を特定の流通業者のみに割り当て、当該地域内において販売活動並びに修理及びメンテナンス業務に関する責任を負わせることとした。一方で、Ｘは、割り当てを行わなかった流通業者に対しては、その地域においては、新たに販売する輸送機器Ａの供給を行わないこととした。Ｘは、流通業者に対して、厳格地域制限又は地域外顧客への受動的販売の制限を行わない。

　グリーン社会の実現に向けた取組としての販売地域に関する制限が独占禁止法上問題とならない場合としては様々なものが考えられるが、ここでは一つの想定例が挙げられている。 想定例48 は、製造販売業者が、一定の地域における商品の販売を特定の流通業者のみに割り当て、当該地域内において販売活動並びに修理及びメンテナンス業務に関する責任を負わせることとした一方、流通業者に対して、厳格な地域制限又は地域外顧客への受動的販売の制限を行わない場合であるため問題とならない。

イ　独占禁止法上問題となる行為

> イ　独占禁止法上問題となる行為
> 　事業者が、厳格な地域制限又は地域外顧客への受動的販売の制限に該当する行為を行い、取組の内容及び態様や市場の状況により、価格維持効果が生じる場合には、独占禁止法上問題となる。
> 　この場合、独占禁止法上問題となるか否かは、当該行為の目的の合理性及び手段の相当性を勘案しつつ、取引先事業者の事業活動に対する制限等によってもたらされる競争制限効果及び競争促進効果について総合的に考慮して判断される。具体的には、行為の態様のほか、前記(1)イの①〜⑤の各要素が総合的に勘案される。また、競争制限効果及び競争促進効果を考慮する際は、各取引段階における潜在的競争者への影響も踏まえる必要がある。
> 　各事項の重要性は個別具体的な事例ごとに異なり、垂直的制限行為を行う事業者の事業内容等に応じて、各事項の内容も検討する必要がある。

　グリーン社会の実現に向けた取組としての販売地域に関する制限について、独占禁止法上問題となる行為に係る総論が述べられている（流通・取引慣行ガイドライン第１部第２の３も参照）。すなわち、事業者が、厳格な地域制限又は地域外顧客への受動的販売の制限に該当する行為を行い、取組の内容及び態様や市場の状況により、価格維持効果が生じる場合には、独占禁止法上問題となる。

　この場合、独占禁止法上問題となるか否かは、当該行為の目的の合理性及び手段の相当性を勘案しつつ、取引先事業者の事業活動に対する制限等に

よってもたらされる競争制限効果及び競争促進効果について総合的に考慮して判断される。具体的には、行為の態様のほか、前述の(1)**イ**の「取引先事業者に対する自己の競争者との取引や競争品の取扱いに関する制限」と同様、ブランド間競争の状況及びブランド内競争の状況や、当該行為を行う事業者の市場における地位、当該行為の対象となる取引先事業者の事業活動に及ぼす影響、当該行為の対象となる取引先事業者の数及び市場における地位が総合的に勘案される。

● 独占禁止法上問題となる行為の想定例

> **想定例 49　厳格な地域制限**
>
> 　商品Ａの製造販売業者Ｘは、従来品に比べて環境負荷が小さい新たな商品Ａの販売を開始するに当たって、新たな商品Ａの値崩れを防ぎ、商品開発に要した多額のコストを回収するため、流通業者に対して、一定の地域を割り当て、地域外での販売を禁止することとした。Ｘは、商品Ａの製造販売市場における市場シェア50％を占めるところ、競争品との製品差別化が進んでおり、競争品との競争が働きにくく、Ｘの行為により、流通業者がその意思で価格をある程度自由に左右し、当該商品の価格を維持し又は引き上げることができるような状態がもたらされる状況にある。

解説

　グリーン社会の実現に向けた取組としての販売地域に関する制限が独占禁止法上問題となる場合として、ここでは一つの想定例が挙げられている。**想定例 49** は、製造販売業者が流通業者に対して、厳格な地域制限を行い、商品の価格維持効果が生じる場合であるため問題となる。

(3)　選択的流通

ア　独占禁止法上問題とならない行為

> (3)　選択的流通
>
> 　　事業者が、自社の商品を取り扱う流通業者に関して一定の基準を設定し、当該基準を満たす流通業者に限定して商品を取り扱わせようとする場合、当該流通業者に対し、自社の商品の取扱いを認めた流通業者以外の流通業者へ

の転売を禁止することが考えられる。こうした行為は選択的流通と呼ばれる。

ア　独占禁止法上問題とならない行為

　　選択的流通については、商品を取り扱う流通業者に関して設定される基準が、当該商品の品質の保持、適切な使用の確保等、消費者の利益の観点からそれなりの合理的な理由に基づくものと認められ、かつ、当該商品の取扱いを希望する他の流通業者に対しても同等の基準が適用される場合には、通常、独占禁止法上問題とならない。

解説

　グリーン社会の実現に向けた取組としての選択的流通（事業者が、自社の商品を取り扱う流通業者に関して一定の基準を設定し、当該基準を満たす流通業者に限定して商品を取り扱わせようとする場合、当該流通業者に対し、自社の商品の取扱いを認めた流通業者以外の流通業者への転売を禁止する行為）について、独占禁止法上問題とならない行為に係る総論が述べられている（流通・取引慣行ガイドライン第1部第2の5も参照）。すなわち、このような選択的流通については、商品を取り扱う流通業者に関して設定される基準が、当該商品の品質の保持、適切な使用の確保等、消費者の利益の観点からそれなりの合理的な理由に基づくものと認められ、かつ、当該商品の取扱いを希望する他の流通業者に対しても同等の基準が適用される場合には、通常、独占禁止法上問題とならない。

　このうち、「それなりの合理的な理由」について挙げられている、商品の品質の保持や、適切な使用の確保は、あくまで例示である。また、「同等の基準」とは、完全に同一の基準であることを意味するものではなく、消費者利益の観点から同様の効果が期待できるのであれば、異なる基準であっても、「同等の基準」に当たると考えられる。

●独占禁止法上問題とならない行為の想定例

想定例50　温室効果ガス削減に係る一定の基準を満たした流通業者のみに対する商品の供給

　商品Aは、製造販売業者X、Y及びZにより供給されているところ、Xは、

従来品に比べて製造過程において排出する温室効果ガスを大きく削減した新たな商品Ａの開発に成功した。Ｘは、当該商品Ａの販売を開始するに当たって、自社が直接的に関与しない商品の販売段階において発生する温室効果ガスについても削減することを目的として、新たな商品Ａを取り扱う流通業者（卸売業者及び小売業者）に対して、一定の温室効果ガス削減義務を課すこととした。

　Ｘは、温室効果ガス削減に取り組んでいると認められる卸売業者に対してのみ自社の新たな商品Ａを供給し、これらの卸売業者に対しては、同様に温室効果ガス削減に取り組んでいると認められる流通業者に対してのみ当該商品Ａを販売するよう義務付けた。当該商品Ａの取扱いを希望する全ての流通業者に対して、同等の基準が適用される。

解説

　グリーン社会の実現に向けた取組としての選択的流通が独占禁止法上問題とならない場合として様々なものが考えられるが、ここでは一つの想定例が挙げられている。想定例50 は、製造販売業者が、流通業者に対し、温室効果ガス削減に係る一定の基準を満たすという「それなりの合理的な理由」による基準を課し、かつ、当該商品の取扱いを希望する全ての流通業者に対して、同等の基準が適用される場合であるため問題ない。

イ　独占禁止法上問題となる行為

イ　独占禁止法上問題となる行為

　　市場における有力な事業者が、自社の商品を取り扱う流通業者に関して一定の基準を設定し、当該基準を満たす流通業者に限定して商品を取り扱わせようとする場合、当該流通業者に対し、自社の商品の取扱いを認めた流通業者以外の流通業者への転売を禁止することがある。

　　この場合、独占禁止法上問題となるか否かは、当該行為の目的の合理性及び手段の相当性を勘案しつつ、選択的流通によってもたらされる競争制限効果及び競争促進効果について総合的に考慮して判断される。具体的には、行為の態様のほか、前記(1)イの①～⑤の各要素が総合的に勘案される。また、競争制限効果及び競争促進効果を考慮する際は、各取引段階における潜在的競争者への影響も踏まえる必要がある。

　　各事項の重要性は個別具体的な事例ごとに異なり、垂直的制限行為を行う事業者の事業内容等に応じて、各事項の内容も検討する必要がある。

解説

　グリーン社会の実現に向けた取組としての選択的流通について、独占禁止法上問題となる行為に係る総論が述べられている。すなわち、市場における有力な事業者が、自社の商品を取り扱う流通業者に関して一定の基準を設定し、当該基準を満たす流通業者に限定して商品を取り扱わせようとする場合、当該流通業者に対し、自社の商品の取扱いを認めた流通業者以外の流通業者への転売を禁止することがある。一定の競争制限効果を有し、市場における競争を実質的に制限する場合（独占禁止法第 2 条第 5 項）、又は公正な競争を阻害するおそれがある場合（同条第 9 項）に独占禁止法上問題となる。

　この場合、独占禁止法上問題となるか否かは、当該行為の目的の合理性及び手段の相当性を勘案しつつ、選択的流通によってもたらされる競争制限効果及び競争促進効果について総合的に考慮して判断される。

　このうち、「市場における有力な事業者」と認められるかどうかについては、市場におけるシェアが 20％を超えることが一つの目安となる。

● 独占禁止法上問題となる行為の想定例

> **想定例 51　安売り業者への販売禁止を目的とした選択的流通**
>
> 　商品 A の製造販売業者 X は、従来品に比べて再利用可能な材料の割合を高めた新たな商品 A の販売を開始するに当たって、環境問題に関する意識の高い一般消費者に向けて特に販売を強化し、かつ、当該商品のブランド価値を高めるため、オーガニック商品等の環境負荷の小さい商品を専門に扱う流通業者（卸売業者及び小売業者）においてのみ展開する販売戦略を採ることとした。X は、一定の基準を満たしオーガニック商品等を専門に取り扱うと認められる卸売業者に対してのみ自社の新たな商品 A を供給し、これらの卸売業者に対しては、同様にオーガニック商品等を専門に取り扱うと認められる流通業者に対してのみ当該商品 A を販売するよう義務付けた。しかし、X は、<u>値崩れを防止するため</u>、実際には、販売先の流通業者の選定に当たって、<u>一定の卸売価格又は小売価格以上で販売する条件を受諾したことを取引の条件としていた。</u>

解説

　グリーン社会の実現に向けた取組としての選択的流通が独占禁止法上問題となる場合として、ここでは一つの想定例が挙げられている。**想定例 51** は、

選択的流通の名の下に、実際には、販売先の流通業者の選定に当たって、一定の卸売価格又は小売価格以上で販売する条件を受諾したことを取引の条件としていた場合であるため問題となる。

⑷　小売業者の販売方法に関する制限
ア　独占禁止法上問題とならない行為

> ⑷　小売業者の販売方法に関する制限
>   事業者が、小売業者に対して、販売方法（販売価格、販売地域及び販売先に関するものを除く。）を制限することが考えられる。
>
>   ア　独占禁止法上問題とならない行為
>   商品の安全性の確保、品質の保持、商標の信用の維持等、当該商品の適切な販売のためのそれなりの合理的な理由が認められ、かつ、他の小売業者に対しても同等の条件が課せられている場合には、それ自体は、独占禁止法上問題となるものではない。

解説

　グリーン社会の実現に向けた取組としての小売業者の販売方法に関する制限（事業者が、小売業者に対して、販売価格、販売地域及び販売先に関するものを除く販売方法を制限する行為）について、独占禁止法上問題とならない行為に係る総論が述べられている（流通・取引慣行ガイドライン第1部第2の6参照）。すなわち、小売業者の販売方法に関する制限について、商品の安全性の確保、品質の保持、商標の信用の維持等、当該商品の適切な販売のためのそれなりの合理的な理由が認められ、かつ、他の小売業者に対しても同等の条件が課せられている場合には、それ自体は、独占禁止法上問題となるものではない。

　このうち、「それなりの合理的な理由」について挙げられている、商品の安全性の確保、品質の保持、商標の信用の維持は、あくまで例示である。また、「同等の条件」とは、完全に同一の条件であることを意味するものではなく、消費者利益の観点から同様の効果が期待できるのであれば、異なる基準であっても、「同等の条件」に当たると考えられる。

●独占禁止法上問題とならない行為の想定例

> **想定例 52**　商品の利用に当たって必要な設備の提供等の義務付け
>
> 　輸送機器Ａの製造販売業者Ｘは、温室効果ガス排出量を大幅に削減することができるリチウムイオン電池Ｂを搭載した新たな輸送機器Ａの販売を計画しているところ、現在、新たな輸送機器Ａの専用充電設備の設置数が十分ではなく、ユーザーの利便性が損なわれることが想定される。Ｘは、ユーザーの利便性を確保するため、新たな輸送機器Ａについては、流通業者の店舗において専用充電設備を設置し、新たな輸送機器Ａへの充電サービスを併せて提供することを条件として販売することとした。当該商品Ａの取扱いを希望する全ての流通業者に対しては、同等の基準が適用される。

解説

　グリーン社会の実現に向けた取組としての小売業者の販売方法に関する制限が独占禁止法上問題とならない場合としては様々なものが考えられるが、ここでは一つの想定例が挙げられている。**想定例 52**　は、製造販売業者が、流通業者に対し、ユーザーの利便性の確保というそれなりの合理的な理由に基づく条件を課し、かつ、当該商品の取扱いを希望する全ての流通業者に対し、同等の条件が適用される場合であるため問題とならない。

イ　独占禁止法上問題となる行為

> イ　独占禁止法上問題となる行為
>
> 　市場における有力な事業者が、自社の商品を取り扱う小売業者に対して一定の販売方法を義務付けた場合であって、商品の適切な販売のためのそれなりの合理的な理由が認められない、他の小売業者に対しても同等の条件が課せられていない、販売方法に関する制限を手段として競争品の取扱い、販売地域、取引先等についての制限を行っているなどのときは、独占禁止法上問題となることがある。
>
> 　この場合、独占禁止法上問題となるか否かは、当該行為の目的の合理性及び手段の相当性を勘案しつつ、小売業者の販売方法に関する制限によってもたらされる競争制限効果及び競争促進効果について総合的に考慮して判断される。具体的には、行為の態様のほか、前記(1)イの①～⑤の各要素が総合的に勘案される。また、競争制限効果及び競争促進効果を考慮する際は、各取

引段階における潜在的競争者への影響も踏まえる必要がある。

　各事項の重要性は個別具体的な事例ごとに異なり、垂直的制限行為を行う事業者の事業内容等に応じて、各事項の内容も検討する必要がある。

解説

　グリーン社会の実現に向けた取組としての小売業者の販売方法に関する制限について、独占禁止法上問題となる行為の総論が述べられている（流通・取引慣行ガイドライン第1部第2の6も参照）。すなわち、市場における有力な事業者が、自社の商品を取り扱う小売業者に対して一定の販売方法を義務付けた場合であって、商品の適切な販売のためのそれなりの合理的な理由が認められない、他の小売業者に対しても同等の条件が課せられていない、販売方法に関する制限を手段として競争品の取扱い、販売地域、取引先等についての制限を行っているなどの場合には、独占禁止法上問題となることがある[13]。一定の競争制限効果を有し、市場における競争を実質的に制限する場合（独占禁止法第2条第5項）、又は公正な競争を阻害するおそれがある場合（同条第9項）に独占禁止法上問題となる。

　この場合、独占禁止法上問題となるか否かは、当該行為の目的の合理性及び手段の相当性を勘案しつつ、小売業者の販売方法に関する制限によってもたらされる競争制限効果及び競争促進効果について総合的に考慮して判断される。具体的には、行為の態様のほか、前述の(1)イで述べた「取引先事業者に対する自己の競争者との取引や競争品の取扱いに関する制限」と同様、ブランド間競争の状況及びブランド内競争の状況や、当該行為を行う事業者の市場における地位、当該行為の対象となる取引先事業者の事業活動に及ぼす影響、当該行為の対象となる取引先事業者の数及び市場における地位が総合的に勘案される。

　ここでも、「市場における有力な事業者」と認められるかどうかについては、市場におけるシェアが20％を超えることが一つの目安となる。

---

13)　小売業者の販売価格を制限する行為については、再販売価格の拘束として問題となる（流通・取引慣行ガイドライン第1部第1参照）。

● 独占禁止法上問題となる行為の想定例

> ■想定例53 全ての取引先事業者に対する同等の制限の適用が行われていない基準の設定
>
> 　製造販売業者Ｘが新たに販売する家庭用電化製品Ａは、従来品に比べて省エネルギー性能が優れているが、操作方法が変更されている。そこで、Ｘは、環境問題に関する意識の高い一般消費者に向けて丁寧な操作説明を行う小売業者に対してのみ、家庭用電化製品Ａを供給することとした。しかし、実際には、Ｘは、オンライン販売であっても丁寧な操作説明が可能であるにもかかわらず、専ら、オンライン販売を行っている小売業者かどうかを基準に供給先を選定し、「丁寧な操作説明を行うかどうか」という基準をオンライン販売業者に対しては適用せず、店舗販売を行う小売業者とオンライン販売を行う小売業者間の価格競争が妨げられる状況にある。

解説

　グリーン社会の実現に向けた取組としての小売業者の販売方法に関する制限が独占禁止法上問題となる場合として、ここでは一つの想定例が挙げられている。想定例53は、製造販売業者が、「丁寧な操作説明を行うかどうか」という基準により商品を供給する小売業者を選別するとしていたところ、オンライン販売であっても丁寧な操作説明が可能であるにもかかわらず、オンライン販売を行っていることをもってして、当該小売業者に商品を供給しなかった場合であるため問題となる。

2　取引先の選択

(1)　単独の取引拒絶

ア　独占禁止法上問題とならない行為

> 2　取引先の選択
> 　(1)　単独の取引拒絶
> 　　事業者がどの事業者と取引するかは、基本的には事業者の取引先選択の自由の問題である。事業者が、価格、品質、サービス等の要因を考慮して、独自の判断によって、ある事業者と取引しないこととしても、基本的には独占禁止法上問題とならない。

ア　独占禁止法上問題とならない行為
　　　　事業者が、自己のサプライチェーン全体における温室効果ガス削減を
　　　目的として、独自の判断で、自社が設定した一定の温室効果ガス削減目
　　　標を達成することができない事業者と取引しないことを決定するなど、
　　　グリーン社会の実現に向けて合理的な範囲で行われる単独の取引拒絶
　　　は、独占禁止法上問題とならない。

解説

　グリーン社会の実現に向けた取組としての単独の取引拒絶について、独占
禁止法上問題とならない行為に係る総論が述べられている（流通・取引慣行
ガイドライン第2部第3も参照）。すなわち、事業者が、独自の判断で、グ
リーン社会の実現に向けて合理的な範囲で行う単独の取引拒絶は、独占禁止
法上問題とならない。

　このうち、事業者の独自の判断で行われる単独の取引拒絶が独占禁止法上
問題とならないことの基礎として、事業者がどの取引先と取引を行うかは、
基本的に、取引先選択の自由の問題であることが挙げられる。

●独占禁止法上問題とならない行為の想定例

　想定例54　温室効果ガス削減に係る一定の基準を満たさない取引先事業
　　　　　　者との取引の打切り

　役務Aの所管官庁は、指針により、役務Aを提供する事業者に対して、温
室効果ガス排出量を毎年3％削減することを努力義務として定めている。役務
Aの提供事業者Xは、経営上の判断により、当該努力義務を履行していな
い。役務Aの提供に用いられる商品Bの製造販売業者Yは、自社の社会的責
任を踏まえれば、所管官庁の定めた努力義務を履行していないXとの取引は
望ましくないと独自に判断し、これまでXに販売していた商品Bの供給を取
りやめることとした。

[解説]

　この行為は、所管官庁が定める温室効果ガス削減目標を履行しない事業者と
の取引を独自の判断で打ち切るものである。自社の社会的責任を果たすという
目的により行われたものであり、独占禁止法上の違法行為の実効を確保するた
めの手段として、又は独占禁止法上不当な目的を達成するための手段として行

われたものではないと認められ、かつ、事業者がどの事業者と取引するかは、基本的には事業者の取引先選択の自由であることも踏まえると、独占禁止法上問題なく実施することができる。

> **想定例55** 温室効果ガス削減に係る商品の仕様を満たさない取引先事業者との取引の打切り
>
> 　商品Ａの製造販売業者Ｘは、商品Ａの製造販売に当たって、部品Ｂの製造販売業者Ｙ及び部品Ｃの製造販売業者Ｚからこれらの部品を調達している。Ｘは、自己のサプライチェーン全体における温室効果ガス削減を目的として、従来の部品Ｂ及び部品Ｃの製造過程における温室効果ガス排出量を5％削減した商品を調達したいと考えていたが、Ｙ及びＺが当該要望を満たす商品を供給することができないため、Ｙ及びＺとの取引を打ち切った。

解説

　グリーン社会の実現に向けた取組としての単独の取引拒絶が独占禁止法上問題とならない場合として、ここでは二つの想定例が挙げられている。これらのうち、**想定例54** は、やや難しい事例であるため解説が付されているが、公的な温室効果ガス削減目標を履行しない事業者との取引を独自の判断で打ち切る場合であるため問題とならない。**想定例55** は、温室効果ガス削減に係る商品の仕様を満たさない取引先事業者との取引を打ち切る場合であるため問題とならない。

イ　独占禁止法上問題となる行為

> イ　独占禁止法上問題となる行為
>
> 　事業者が単独で行う取引拒絶であっても、例外的に、独占禁止法上の違法行為の実効を確保するための手段として取引を拒絶する場合や、競争者を市場から排除するなどの独占禁止法上不当な目的を達成するための手段として取引を拒絶する場合、独占禁止法上問題となる。
>
> 　独占禁止法上問題となるか否かについては、取引を拒絶される事業者の事業活動が困難になるかどうか、市場における競争に与える悪影響、行為者及び競争者の市場における地位、行為の期間、行為の態様といった要素が、総合的に考慮される。

解説

　グリーン社会の実現に向けた取組としての単独の取引拒絶について、独占禁止法上問題となる行為に係る総論が述べられている（流通・取引慣行ガイドライン第2部第3も参照）。すなわち、単独の取引拒絶であっても、例外的に、独占禁止法上の違法行為の実効を確保するための手段として取引を拒絶する場合や、競争者を市場から排除するなどの独占禁止法上不当な目的を達成するための手段として取引を拒絶する場合、独占禁止法上問題となる。取引拒絶の対象は、特定の技術又は商品・サービスに係る取引だけでなく、特定の技術又は商品・サービスに係る事業活動を行う上で不可欠な投入財としてのデータに係る取引も含まれる（データ検討会報告書第4章2(1)イ及び業務提携報告書第6の4(3)イ(イ)参照）。取引拒絶が一定の競争制限効果を有し、市場における競争を実質的に制限する場合（独占禁止法第2条第5項）、又は公正な競争を阻害するおそれがある場合（同条第9項）に独占禁止法上問題となる。

　なお、このような行為によって、市場における競争が実質的に制限され、私的独占として違法となる場合の考え方については、「排除型私的独占に係る独占禁止法上の指針」（平成21年10月28日公正取引委員会）によって、その考え方が明らかにされている。

　ここでは、「独占禁止法上の違法行為」とは、再販売価格維持行為、排他条件付取引などを指す。

●独占禁止法上問題となる行為の想定例

> **想定例56**　**排他条件付取引の実効を確保するための手段としての流通業者との取引の打切り**
>
> 　製造販売業者Xは、役務Aの提供に用いられる商品Bの製造販売を行っているところ、商品Bの製造販売市場における<u>市場シェアは50%である</u>。Xは、<u>自己の競争者である商品Bの製造販売業者と取引しないことを、かねてから取引先に対して要請していた</u>ところ、<u>自己の競争者である商品Bの製造販売業者の取引の機会を減少させ、他に代わり得る取引先を容易に見いだすことができなくなるようにする</u>とともに、その実効を確保するための手段として、温室効果ガス削減目標を具体的に掲げていない事業者とは取引しないことを名目

としつつ、自社の要請に従わない取引先との取引を打ち切ることとした。

想定例57 競争者の排除を達成するための手段としての当該事業者との取引の打切り

商品Aの製造販売業者Xは、商品Aの製造に必須である部品Bの製造販売も行っているところ、部品Bの製造販売業者は他に存在しない。昨年、Xは、製造過程における温室効果ガス排出量を従来品に比べて大幅に削減することができる新たな部品Bの販売を開始した。今般、Xは、製造過程における温室効果ガス排出量を大幅に削減した商品Aの一般消費者からの需要が伸びていることを踏まえ、商品Aの製造販売業者Y及びZを市場から排除するための手段として、従来の取引を打ち切り、従来の部品Bとともに新たな部品BをY及びZに供給しないこととした。

想定例58 事業活動において必要不可欠なデータへの競争者によるアクセスの拒否

運送業務Aの提供事業者Xは、同じく運送業務Aを提供する複数の事業者からリアルタイムで各社の運送車両の位置情報等を収集し、データベースとして提供するサービスを提供しているところ、代替的なデータベースを提供している事業者は存在しない。運送業務Aの提供事業者は、当該データベースを参照することで、最適な運送ルートを選択できるようになるとともに、運送業務Aの提供に伴う温室効果ガス排出量を削減することが可能となっている。近年、気候変動問題に関する顧客の意識の高まりを受け、当該データベースへのアクセスは、運送業務Aの提供事業者の事業活動上、必要不可欠である。Xは、運送業務提供市場における市場シェアが伸びている事業者Yの事業活動を困難にするための手段として、Yによるデータベースへのアクセスを拒絶した。

解説

グリーン社会の実現に向けた取組としての単独の取引拒絶が独占禁止法上問題となる場合として、ここでは三つの想定例が挙げられている。これらのうち、想定例56 は、独占禁止法上の違法行為の実効を確保する手段として、単独の取引拒絶を行う場合であるため問題となる。想定例57 は、他の事業者を市場から排除する手段として、単独の取引拒絶を行う場合であるため問題となる。想定例58 は、他の事業者の事業活動を困難にするための手段と

して、単独の取引拒絶を行う場合であるため問題となる。

(2) 共同ボイコット
ア 独占禁止法上問題とならない行為

> (2) 共同ボイコット
>   事業者が競争者や取引先事業者等と共同して、又は事業者団体が、取引拒絶等を行うことにより、事業者が市場に参入することが著しく困難となり、又は市場から排除されることが考えられる。このような事業者等の行為は共同ボイコットと呼ばれる。
>
> ア 独占禁止法上問題とならない行為
>   共同ボイコットは、原則として独占禁止法上問題となる行為であるが、社会公共的な目的のために実施される取組については、競争制限効果が見込まれつつ競争促進効果も見込まれる場合がある。
>   この際、独占禁止法上問題となるか否かの検討に当たっては、個別具体的な事案に即して、当該行為の目的の合理性及び手段の相当性を勘案しつつ、当該行為によってもたらされる競争制限効果及び競争促進効果について総合的に考慮して判断される。

解説

　グリーン社会の実現に向けた取組としての共同ボイコット（事業者が競争者や取引先事業者等と共同して、又は事業者団体が、取引拒絶等を行う行為）について、独占禁止法上問題とならない行為に係る総論が述べられている（流通・取引慣行ガイドライン第2部第2も参照）。すなわち、共同ボイコットは、原則として独占禁止法上問題となる行為であるが、社会公共的な目的のために実施される取組については、競争制限効果が見込まれつつ競争促進効果も見込まれる場合がある。

　この際、独占禁止法上問題となるか否かの検討に当たっては、個別具体的な事案に即して、当該行為の目的の合理性及び手段の相当性を勘案しつつ、当該行為によってもたらされる競争制限効果及び競争促進効果について総合的に考慮して判断される。

　このうち、共同ボイコットが、原則として独占禁止法上問題となる行為と

される理由は、市場メカニズムが機能していくための最も基本的な条件の一つである市場への参入の自由を阻害し、市場の開放性を損なう行為であり、行為それ自体が反競争的なものであるからである。

●独占禁止法上問題とならない行為の想定例

> **想定例59** 事業者団体が設定した自主基準を満たさない商品に関する認証の拒否
>
> 商品Aの製造販売業者により構成される事業者団体Xは、従来品に比べて商品Aの製造過程における温室効果ガス排出量が10％削減されていること等の自主基準を設定し、当該基準を満たす商品Aについて、一般消費者向けに温室効果ガス削減効果を保証するラベルを貼付することを構成事業者に認め、自主基準を満たした商品Aを製造する構成事業者の求めに応じて当該ラベルを発行している。ただし、当該ラベルのない商品Aも一定の消費者は購入している。
>
> Xの構成事業者であるYは、当初、自社の商品Aが自主基準を満たしているとして、Xが発行したラベルを貼付して販売活動を行っていたが、実際には自主基準を満たしていないことが明らかになった。Xが発行するラベルは、事業者団体として温室効果ガス削減効果を保証するものであり、一般消費者が正しい情報に基づいて商品を選択する上で必要な情報であることから、自主基準を満たさない商品Aにラベルが貼付されれば、一般消費者の商品選択を誤らせ、かつ、ラベルの信用性の失墜につながることになる。
>
> そこで、Xは、一般消費者の誤認を防ぎ、かつ、ラベルの信用性を維持するため、Yが自主基準を満たす商品Aを販売するまでの間、Yに対するラベルの発行を拒否することとした。
>
> ［解説］
>
> この行為は、事業者団体Xが、自主基準を満たさない商品Aを販売する構成事業者に対して、自主基準を満たすことを保証するラベルの発行を拒否するものである。自主基準を履行するかどうかは、本来、構成事業者の自由が担保されていなければならない。しかし、自主基準を満たさない商品Aに当該ラベルが貼付されることにより生じる需要者への不利益を未然防止するという目的には合理性が認められ、かつ、問題が解消されるまでの間という真に必要な期間に限定した実施には手段の相当性が認められるため、独占禁止法上問題なく実施することができる。

解説

　グリーン社会の実現に向けた取組としての共同ボイコットが独占禁止法上問題とならない場合として、ここでは一つの想定例が挙げられている。**想定例59** は、やや難しい事例であるため解説が付されているが、事業者団体が、自主基準を満たしていない構成事業者に対し、商品が自主基準を満たしていることを示すラベルの発行を、自主基準を満たす商品を販売するまでの間、拒否する行為について、需要者への不利益を未然防止するという目的には合理性が認められ、かつ、問題が解消されるまでの間という真に必要な期間に限定した実施には手段の相当性が認められる場合であるため問題ない。

イ　独占禁止法上問題となる行為

> イ　独占禁止法上問題となる行為
> 　共同ボイコットは、競争が有効に行われるための前提条件となる事業者の市場への参入の自由を侵害するものであり、市場メカニズムに直接的な影響を及ぼす。事業者が競争者や取引先事業者等と共同して、又は事業者団体が、共同ボイコットを行い、事業者が市場に参入することが著しく困難となる場合、又は市場から排除されることとなる場合、独占禁止法上問題となる。

解説

　グリーン社会の実現に向けた取組としての共同ボイコットについて、独占禁止法上問題となる行為に係る総論が述べられている（流通・取引慣行ガイドライン第2部第2も参照）。

　すなわち、事業者が競争者や取引先事業者等と共同して、又は事業者団体が、共同ボイコットを行い、事業者が市場に参入することが著しく困難となる場合、又は市場から排除されることとなる場合、独占禁止法上問題となる。一定の競争制限効果を有し、市場における競争を実質的に制限する場合（独占禁止法第2条第5項若しくは第6項又は第8条）、又は公正な競争を阻害するおそれがある場合（同条第9項）に独占禁止法上問題となる。

●独占禁止法上問題となる行為の想定例

> **想定例 60** 競争者の排除を達成するための手段としての当該事業者への共同のボイコット
>
> 　商品Aの製造販売業者X、Y及びZは、材料Bを用いることで製造過程における温室効果ガス排出量を従来品に比べて大幅に削減した新たな商品Aをそれぞれ開発した。新たな商品Aに対する需要は高いと考えられるところ、材料Bは仕様を実現するために必要不可欠である。X及びYは、かねてから商品Aの製造販売市場におけるシェアを拡大しているZを市場から排除するための手段として、材料Bの販売業者複数社に対し、材料BをZに対して販売しないよう要請した。

> **想定例 61** 新規事業者の参入妨害を達成するための手段としての当該事業者への共同のボイコット
>
> 　商品Aの利用に伴い排出される温室効果ガスを削減するための研究開発においては、当該温室効果ガスの排出量に関するデータをより多くの需要者から収集することが必要不可欠である。商品Aの製造販売業者により構成される事業者団体Xは、商品Aの利用に伴い排出される温室効果ガスの削減技術の研究開発を支援するため、当該温室効果ガスの排出量に関するデータを会員から収集し、会員に対して提供している。Xは、その利用に伴う温室効果ガスが削減された商品Aの製造販売を計画してXへの加入を希望した新規事業者の参入を排除するための手段として、Xが収集したデータを当該新規事業者には提供しないこととした。

解説

　グリーン社会の実現に向けた取組としての共同ボイコットが独占禁止法問題となる場合としては様々なものが考えられるが、ここでは二つの想定例が挙げられている。これらのうち、**想定例 60** は、競争者を市場から排除するための手段として共同ボイコットを行う場合であるため問題となる。**想定例61** は、新規事業者の参入を排除するための手段として共同ボイコットを行う場合であるため問題となる。

第3 優越的地位の濫用行為

第3　優越的地位の濫用行為

　　事業者が、温室効果ガス削減を目的として、取引の相手方に対して、取引の対象となる商品又は役務の品質等に関して、従前と異なる条件を設定することが考えられる。例えば、取引の相手方に対して特定の仕様を指示して継続的に部品の製造を発注している場合、部品の製造過程において排出される温室効果ガスを一定程度削減することを仕様に盛り込むことがある。事業者がどのような取引条件で取引するかについては、基本的に、取引当事者間の自主的な判断に委ねられるものであり、このような行為を行ったことをもって、直ちに独占禁止法上問題となるものではない。

　　また、事業者が、サプライチェーン全体における温室効果ガス削減に向けた取組が必要であると考え、部品の製造を委託している取引の相手方に対して、温室効果ガス削減に向けた取組を可能な範囲で実施することを検討してほしい旨の一般的な要請を行うことがある。こうした行為は、取引の相手方が行った検討結果を踏まえ、部品の製造過程等における温室効果ガス削減につながる取組や取引条件の変更を各事業者と議論し、取引価格の再交渉において、取引の相手方に生じるコストの上昇分を考慮した上で、双方納得の上で取引価格を設定する場合には、独占禁止法上問題とならない。

　　しかし、温室効果ガス削減という社会公共的な目的によるものであったとしても、事業者が、自己の取引上の地位が相手方に優越していることを利用して、例えば、取引の相手方に対し、温室効果ガス削減を目的とした要請を行い、取引の相手方が当該要請を実現するために必要なコスト負担を考慮せず対価を一方的に定める行為や、温室効果ガス削減を理由として経済上の利益を無償で提供させる行為は、前記目的を考慮してもなお正常な商慣習に照らして不当なものであると認められる場合、不公正な取引方法の一つである優越的地位の濫用として独占禁止法上問題となる（独占禁止法第19条）。

優越的地位の濫用

　独占禁止法上問題となるか否かについては、①自己の取引上の地位が相手方に優越していることを利用して、②正常な商慣習に照らして不当に、③優越的地位の濫用となる行為類型を行っているかが、個別の事案ごとに判断される。

　①の「自己の取引上の地位が相手方に優越している」については、行為者が市場支配的な地位又はそれに準ずる絶対的に優越した地位である必要はなく、取引の相手方との関係で相対的に優越した地位であれば足りる。この判断に当たっては、取引の相手方の行為者に対する取引依存度、行為者の市場における地位、取引の相手方の取引先変更の可能性、その他行為者と取引することの必要性を示す具体的事実を総合的に勘案して判断される。また、優越的地位にある行為者が、相手方に対して不当に不利益を課して取引を行えば、通常、「利用して」行われた行為であると認められる。

　②の「正常な商慣習に照らして不当に」については、公正な競争秩序の維持・促進の観点から、問題となる不利益の程度、行為の広がり等を考慮して、個別の事案ごとに判断される。そのため、現に存在する商慣習に合致しているからといって、直ちに正当化されることにはならないことについて留意が必要である。

　③の「優越的地位の濫用となる行為類型」については、独占禁止法第2条第9項第5号イからハまでのいずれかに該当する行為であるか検討が必要となる。

　以下では、③の濫用となる行為の類型別に、「独占禁止法上問題とならない行為」及び「独占禁止法上問題となる行為」の二つに大別し、想定例を挙げながら説明する。

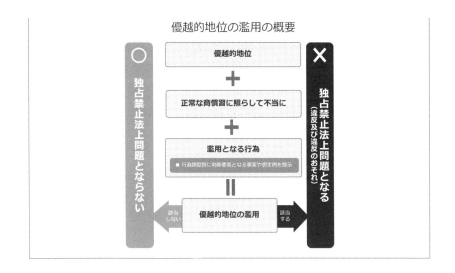

優越的地位の濫用の概要

独占禁止法上問題とならない ○

優越的地位

＋

正常な商慣習に照らして不当に

＋

濫用となる行為
■ 行為類型別に判断要素となる事実や想定例を提示

＝

優越的地位の濫用

該当しない　　　該当する

独占禁止法上問題となる（違反及び違反のおそれ） ✕

解説

　温室効果ガス削減に向けた取組については、自社のみならず、サプライチェーン全体における取組が必要となる場合があるが、発注者の取引上の地位が取引の相手方に優越しているときには、優越的地位の濫用行為を行わないように留意する必要がある。優越的地位の濫用規制は、発注者が取引の相手方にとって著しく不利益な要請等を行っても、取引の相手方がこれを受け入れざるを得ないような場合に、あらかじめ計算できない不利益や合理的な範囲を超える負担を取引の相手方に対して押し付けるような行為を問題とするものである。グリーンガイドラインは第3において、優越的地位の濫用行為について考え方の明確化を行っている。

　独占禁止法上問題となるか否かについては、グリーンガイドライン本文に記載の要素を検討の上判断されることとなるが、「自己の取引上の地位が相手方に優越している」かどうかは、取引の相手方の行為者に対する取引依存度等を総合的に勘案して判断されるため、大企業と中小企業との取引だけでなく、大企業同士、中小企業同士の取引においても、取引の一方当事者が他方の当事者に対し、取引上の地位が優越していると認められる場合があることに留意する必要がある（優越的地位の濫用ガイドライン第2の2（注7）参照）。

　「正常な商慣習に照らして不当に」については、問題となる不利益の程度

や行為の広がり等を考慮して、個別の事案ごとに判断されるが、例えば、①発注者が多数の相手方に対して組織的に不利益を与える場合、②特定の取引の相手方に対してしか不利益を与えていないときであっても、その不利益の程度が強い、又はその行為を放置すれば他に波及するおそれがある場合に、公正な競争を阻害するおそれがあると認められやすい（優越的地位の濫用ガイドライン第1の1参照）。

　優越的地位の濫用行為を未然に防止するためには、取引の対象となる商品又は役務の具体的内容や品質に係る評価の基準、納期、代金の額、支払期日、支払方法等について、取引当事者間であらかじめ明確にし、書面で確認するなどの対応をしておくことが望ましい（優越的地位の濫用ガイドライン第4参照）。また、優越的地位の濫用行為は、取引の相手方の自由な意思を抑圧することを通じて公正な競争を阻害するおそれがあるものであるため、取引の相手方との間で十分な協議がなされているかどうかが重要となる。

　なお、取引上優越的地位にある事業者が、取引の相手方に対して不当に不利益を与える問題は、下請取引で起きる場合が多い。そのため、独占禁止法の補完法として、下請代金支払遅延等防止法（昭和31年法律第120号）が制定されている。同法は、適用対象を明確にし、違反行為の類型を具体的に法定するとともに、独占禁止法に比較して簡易な手続を規定し、迅速かつ効果的に下請事業者の保護を図ろうとするものである（令和5年11月公正取引委員会・中小企業庁「下請取引適正化推進講習会テキスト」1頁）。

1　購入・利用強制

(1)　独占禁止法上問題とならない行為

> 1　購入・利用強制
> 　事業者が、温室効果ガス削減等を目的として、取引の相手方に対し、商品又は役務の購入・利用を強制することが考えられる。
>
> (1)　独占禁止法上問題とならない行為
> 　取引上の地位が相手方に優越している事業者が、温室効果ガス削減等を目的として、取引の相手方に対し、特定の仕様を指示して商品の製造又は役務の提供を発注する際に、当該商品又は役務の内容を均質にするため又

はその改善を図るため必要があるなどの合理的な必要性から、当該取引の相手方に対して当該商品の製造に必要な原材料や当該役務の提供に必要な設備を購入させる場合には、正常な商慣習に照らして不当に不利益を与えることとならず、独占禁止法上問題とはならない。

解説

　「購入・利用強制」は、例えば、発注者が取引の相手方に対して、取引に関係のない自社商品やサービス等を押し付け販売することを問題とするものである。独占禁止法第2条第9項第5号イでは以下のとおり規定される。

> イ　継続して取引する相手方（新たに継続して取引しようとする相手方を含む。ロにおいて同じ。）に対して、当該取引に係る商品又は役務以外の商品又は役務を購入させること。

　ここでは、当該取引に係る商品又は役務「以外」の商品又は役務を購入させることが問題となるため、例えば、発注者が取引の相手方に対して、合理的な必要性から、取引のために必要となる原材料の購入を要請することは、独占禁止法上問題とはならない。

　取引に係る商品又は役務「以外」の商品又は役務であったとしても、取引の相手方が、真に自由意志に基づき購入・利用する場合には、単なる通常の商取引と認められ、独占禁止法上問題とはならない。

● 独占禁止法上問題とならない行為の想定例

想定例62　仕様に定められた原材料等の購入要請

　商品Aの製造販売業者Xは、商品Aの廃棄に伴い排出される温室効果ガスの削減等のため、新たな商品Aは、自然界で分解される原材料Bを用いた部品を主に用いて製造することとした。Xは、新たな商品Aは原材料Bを用いていることを宣伝することで一般消費者向けの販売促進につなげたいと考えているところ、商品Aの製造に用いられる部品Cの製造を委託している取引の相手方Yに対して、原材料Bを必ず調達し、これを用いて部品Cを製造することを仕様として指示した。

Xは、新たな商品Aに用いられる部品Cの製造を発注するに当たって、Y
に対して当該仕様を明確に示した上で、Yにおいて原材料Bを調達するために
上昇したコストを踏まえ、十分な価格改定交渉を行った。

解説

　想定例62 は、商品の廃棄に伴い排出される温室効果ガス削減等のため、
取引の相手方に対し、製造に用いる原材料の変更を仕様として指示したもの
である。原材料の変更は、温室効果ガス削減を目的とした品質の改善に必要
なものであり、合理的な理由があるといえる。また、購入要請の対象は、取
引の対象である商品の製造に必要な原材料であり、事業遂行上必要となる商
品の範囲を超える購入要請とはなっていない。このように、合理的な必要性
から、取引に必要な商品の購入を取引の相手方に対して要請する場合には、
正常な商慣習に照らして不当に不利益を与えることとはならず、独占禁止法
上問題とはならない。

　ただし、仕様を変更して原材料の購入を要請するような場合、後述する **3**
（取引の対価の一方的決定）に留意する必要がある。具体的には、仕様の変更
を発注時までに明確に示し、仕様の変更に伴う費用負担について十分な協議
を行うことが必要であり、この想定例ではそれらの対応が行われている。こ
の想定例のように仕様変更に伴う原材料等の購入・利用要請を取引の相手方
に対して行う場合には、

- 　要請に合理的な必要性があり、取引に必要な範囲で行うものか
- 　要請について発注時までには取引の相手方に明示し、要請に応じるこ
　とによって生じる費用の負担について十分な協議を行っているか

を中心とした確認が必要といえる。

(2)　独占禁止法上問題となる行為

(2)　独占禁止法上問題となる行為
　　取引上の地位が相手方に優越している事業者が、温室効果ガス削減等を目
　的として、取引の相手方に対し、当該取引に係る商品又は役務以外の商品又
　は役務の購入を要請する場合であって、当該取引の相手方が、それが事業遂
　行上必要としない商品若しくは役務であり、又はその購入を希望していない

ときであったとしても、今後の取引に与える影響を懸念して当該要請を受け入れざるを得ない場合には、正常な商慣習に照らして不当に不利益を与えることとなり、独占禁止法上問題となる。

解説

　取引の相手方に対する購入や利用の強制が、独占禁止法上問題となるかどうかを検討する際の考慮要素が記載されている。温室効果ガス削減等を目的とするものであったとしても、取引上の地位が相手方に優越している事業者が、取引の相手方に対して、当該取引に係る商品又は役務以外の商品又は役務の購入を要請する場合、それが「正常な商慣習に照らして不当に不利益を与えること」とならないかどうかを確認する必要がある。

　「正常な商慣習に照らして不当に不利益を与える」場合とは、取引の相手方が事業遂行上必要としない商品又は役務の購入の要請を、今後の取引に与える影響を懸念して受け入れざるを得ないような場合をいう（優越的地位の濫用ガイドライン第4の1(1)も参照）。その購入を取引の条件とする場合や、その購入をしないことに対して不利益を与える場合だけでなく、事実上、購入を余儀なくさせていると認められる場合についても、「受け入れざるを得ない場合」といえる（優越的地位の濫用ガイドライン第4の1も参照）。「事実上、購入を余儀なくさせていると認められる場合」の判断は、購入・利用強制に至るまでのプロセスや商品又は役務の内容等の客観的事象を確認して行われる。

　なお、「当該取引に係る商品又は役務以外の商品又は役務」には、自己の供給する商品又は役務だけでなく、自己の指定する事業者が供給する商品又は役務が含まれる（優越的地位の濫用ガイドライン第4の1）。

● 独占禁止法上問題となる行為の想定例

> **想定例 63　取引の相手方にとって必要ではない商品の購入要請**
> 　商品Aの製造販売業者Xは、温室効果ガス削減のため、商品Aの製造過程において自社が排出する温室効果ガスを測定するシステムを導入した。Xは、商品Aの部品の製造を委託している取引の相手方が、既に同等のシステムを導入済みであるなど当該システムを新たに導入する必要がないにもかかわら

ず、商品Aの部品の製造に当たり、当該システムを導入しなければ今後発注しない旨を示唆し、自己の指定する事業者が提供する当該温室効果ガス測定システムを購入させた。

解説

想定例63 は、合理的な必要性がないにもかかわらず、取引の相手方に対して自己の指定する事業者が提供する温室効果ガス測定システムの購入を強制したものである。事業遂行上必要としない商品若しくは役務であり、又はその購入を希望していないときであったとしても、今後の取引に与える影響を懸念して当該要請を受け入れざるを得ない場合には、正常な商慣習に照らして不当に不利益を与えることとなり、独占禁止法上問題となる。この想定例では、取引の相手方にとって必要のないシステムを、今後の取引打切りを示唆して購入を余儀なくさせていることが問題といえる。

一方で、取引の相手方に対して、自己の指定する事業者が提供するシステムの購入を提案すること自体は、直ちに問題となるものではない。例えば、取引の相手方が単独で購入するよりも有利な条件で購入できる可能性や、発注者からの提案が取引の相手方の社内検討において有益な情報源となる可能性もある。提案の結果、取引の相手方が、真に自由意志に基づき購入する場合には、単なる通常の商取引と認められる。

2 経済上の利益の提供要請
(1) 独占禁止法上問題とならない行為

2 経済上の利益の提供要請
　事業者が、温室効果ガス削減等を目的として、取引の相手方に対し、経済上の利益の提供を要請することが考えられる。

(1) 独占禁止法上問題とならない行為
　事業者が、温室効果ガス削減等を目的として、取引の相手方に対し、経済上の利益の提供を要請する場合、当該経済上の利益が、それを負担することによって得ることとなる直接の利益の範囲内であるものとして、当該取引の相手方の自由な意思により行われる場合には、正常な商慣習に照らして不当に不利益を与えることとならず、独占禁止法上問題とはならない。

解説

　「経済上の利益の提供要請」は、例えば、発注者が自己の利益を確保するために、取引の相手方に対して温室効果ガス削減に用いるという名目で金銭を提供させ、不当に不利益を与えることを問題とするものである。独占禁止法第2条第9項第5号ロでは以下のとおり規定される。

> ロ　継続して取引する相手方に対して、自己のために金銭、役務その他の経済上の利益を提供させること。

　「経済上の利益」の提供とは、協賛金、協力金等の名目のいかんを問わず行われる金銭の提供、作業への労務の提供等をいう（優越的地位の濫用ガイドライン第4の2）。

　経済上の利益の提供を要請すること自体は直ちに問題となるものではなく、例えば、発注者からの当該要請に応じることで、要請に応じた取引の相手方における商品の販売促進に直接つながる場合もある。

　経済上の利益の提供が、それを負担することによって得ることとなる直接の利益の範囲内であるものとして、取引の相手方の自由な意思により提供される場合には、独占禁止法上問題とはならない。「自由な意思」については、主に、協賛金等の負担要請に至るまでのプロセスや役務の内容等の客観的事象を通じて、主観的意図の存在が認定される。取引の相手方の自由な意思によらず「提供させる」場合には独占禁止法上問題となるが、この「提供させる」について、優越的地位の濫用ガイドライン第4の1（注8）では、購入・利用強制における「購入させる」と同じ考え方であることが示されており、「購入させる」については、「その購入を取引の条件とする場合や、その購入をしないことに対して不利益を与える場合だけではなく、事実上、購入を余儀なくさせていると認められる場合も含まれる」（優越的地位の濫用ガイドライン第4の1）と示している。

　取引の相手方が自由な意思決定を行うに当たり考慮することとなる「直接の利益」については、経済上の利益を提供させることが、取引の相手方が販売する商品の売上げ増加、取引の相手方による消費者ニーズの動向の直接把握につながる場合など実際に生じる利益をいい、経済上の利益を提供するこ

とにより将来の取引が有利になるというような間接的な利益は含まない（優越的地位の濫用ガイドライン第4の2(1)ア（注9）及び(2)ア（注12）参照）。また、「直接の利益」には、「売上げ増加」のように計測可能な利益もある一方、「消費者ニーズの動向の直接把握」のように必ずしも計測可能でないものも含まれる。

● 独占禁止法上問題とならない行為の想定例

想定例 64　取引の相手方に対する協賛金の提供要請

　家電製品等の製造販売業者Xは、温室効果ガス削減のため、省エネ製品の開発及び製造販売に積極的に取り組むとともに、競争者や異業種の事業者との間で、消費者に対し脱炭素に向けたライフスタイル変革を普及啓発する活動を行うコンソーシアムを運営している。当該コンソーシアムに参加する事業者には、一定の協賛金の支払が要請されている。

　Xは、取引の相手方から、当該コンソーシアムに自社も参加したい旨の申出があったため、参加者に要請されている協賛金について、取引の相手方が合理的範囲の負担であるとして提供するか判断できるよう、負担金額や使途等について事前に説明し、取引の相手方における検討の結果、協賛金の支払とともにコンソーシアムに参加してもらうこととした。

想定例 65　取引の相手方にとって直接の利益となるデータ共有

　商品Aの製造販売業者Xは、サプライチェーン全体において排出される温室効果ガスの削減に向けて排出量の見える化を行うこととした。そこで、Xは、サプライチェーン内の各取引段階における排出量データを集約するプラットフォームを構築し、取引の相手方に対して、その取引先事業者の排出量データも含め、リアルタイムで当該プラットフォームに排出量データを提供することを要請した。

　当該データは、各社が前記温室効果ガス削減に向けた取組を検討するために非常に有益であるところ、Xは、営業秘密等に関係し各社が共有を望まないデータを除き、データを提供した各社がプラットフォーム上に集約された排出量データへ自由にアクセスできるようにした。取引の相手方がXに対して排出量データを提供するに当たって必要なプログラムは、Xが提供することとしており、取引の相手方において特段のコストは発生しない。

解説

　独占禁止法上問題とならない経済上の利益の提供要請の想定例として、協賛金の提供要請及びデータ共有が取り上げられている。発注者が取引の相手方に経済上の利益の提供要請を行う場合、取引の相手方の直接の利益の範囲内であるものとして、その自由な意思によるものであるときには、独占禁止法上問題とはならない。

　想定例64 は、自社が運営するコンソーシアムへの参加に当たり、取引の相手方に対して一定の協賛金の支払を要請するものであり、下線部には、取引の相手方の自由な意思を尊重する対応が記載されている。

　取引の相手方は、合理的範囲の負担であるか検討するための情報について、コンソーシアムを運営する家電製品等の製造販売業者 X から事前に説明を受け、それを踏まえた検討を経て「自社も参加したい旨の申出」を行っており、自由な意思によりコンソーシアムへの参加を表明している。コンソーシアムの目的は、消費者に対する脱炭素に向けたライフスタイル変革の普及啓発であり、その実現は省エネ製品の売上げ拡大につながり、同製品の開発及び製造販売に積極的に取り組む X 及びその取引の相手方の双方で利益が得られる。

　想定例65 は、温室効果ガスの排出量データに関して、サプライチェーン上のデータ共有を行う際に考慮すべきポイントがいくつか含まれている。

　まず、商品 A の製造販売業者 X は、取引の相手方に対して、データの提供を要請している。「経済上の利益」の提供は、名目のいかんを問わず行われる金銭の提供、作業への労務の提供等をいうもので、データの提供も「経済上の利益の提供」であることから、留意が必要となる。その上で、想定例65 では、提供対象のデータが、提供者である取引の相手方にとっても非常に有益であり、また、プラットフォームに集約されたデータへのアクセスが保証されていることから、取引の相手方も実際に利益を享受することができる。さらに、データ提供に必要なプログラムのコストは X が負担しており、これらを踏まえると、当該要請を受ける取引の相手方に生ずる負担は合理的範囲に収まるものといえ、独占禁止法上問題なく実施することができる。

　サプライチェーン上のデータ共有を行うためのデータ収集について、想定例65 では、①データ提供者に対するアクセス権の付与、②提供データの内

容、③データ提供に伴い生じる費用負担につき考慮した取組を行っている。

　①については、プラットフォーム上のどのデータまでデータ提供者に対するアクセスを認めるのか等様々な形式は考えられるものの、仮に、データ提供者におけるアクセス権を一切認めない一方的な提供要請となる場合には、データ提供者である取引の相手方に対して不当に不利益を与える可能性がある（データ検討会報告書第4章1(1)ア参照）。また、②について、取引の相手方が提供を希望しないデータを強制的に収集することや、③について、費用負担を取引の相手方に一方的に押し付けるような場合にも、取引の相手方に対して不当に不利益を与えていると判断される可能性がある。データ収集を行う際には、これらの点にも留意し、取引の相手方と議論の上、双方納得の上で取組を進める必要がある。

(2)　独占禁止法上問題となる行為

> (2)　独占禁止法上問題となる行為
> 　　取引上の地位が相手方に優越している事業者が、温室効果ガス削減等を目的として、取引の相手方に対し、経済上の利益の提供を要請する行為は、負担の内容、根拠、使途等が当該取引の相手方との間で明確になっておらず、当該取引の相手方にあらかじめ計算できない不利益を与えることとなる場合や、当該取引の相手方が得る直接の利益等を勘案して合理的であると認められる範囲を超えた負担となり、当該取引の相手方に不利益を与えることとなる場合には、正常な商慣習に照らして不当に不利益を与えることとなり、独占禁止法上問題となる。

解説

　経済上の利益の提供要請が、独占禁止法上問題となるかどうかを検討する際の考慮要素が記載されている。温室効果ガス削減等を目的とするものであったとしても、取引上の地位が相手方に優越している事業者が、取引の相手方に対して経済上の利益の提供を要請する場合には、以下の点に留意が必要である。

　　①　あらかじめ計算できない不利益を与えることとなっていないか

　　②　合理的であると認められる範囲を超えた負担となり、取引の相手方に

不利益を与えることとなっていないか

これらのいずれかに該当する場合には、正常な商慣習に照らして不当に不利益を与えることとなり独占禁止法上問題となる。

なお、①の「あらかじめ計算できない不利益」を与えるとは、相手方に予測不可能な不利益を与えることをいう。また②について、取引の相手方が得る直接の利益等を勘案して合理的範囲を超える負担となる場合には、負担の条件について取引の相手方との間で明確になっていても、独占禁止法上問題となる（優越的地位の濫用ガイドライン第4の2(1)ア（注10）参照）。

●独占禁止法上問題となる行為の想定例

想定例66 温室効果ガス削減等を名目とした金銭の負担要請

　運送業務Aの提供事業者Xは、自己の利益を確保するため、自己の提供する運送業務Aの一部を委託している取引の相手方に対して、バリューチェーン全体において排出される温室効果ガスの削減のために用いるという名目で、取引額に応じた一定の「温室効果ガス削減対策費」を提供させることとした。Xは、「温室効果ガス削減対策費」の算出根拠や具体的な使途を明確にせず、徴収した費用を当該取引の相手方の直接の利益となる活動のために用いていなかった。

想定例67 発注内容に含まれない廃棄物回収等の役務の提供要請

　小売業者Xは、自社の廃棄物排出量を削減するため、納入業者に対して、あらかじめ契約で定められていないにもかかわらず、納入した商品の梱包材をその場で回収する業務に無償で従事させた。当該納入業者による梱包材の回収業務は、自社以外が納入した商品に関する場合もあり、また、梱包材を回収することによって、その後の廃棄や再利用のために当該納入業者にとって一定の負担が生じ、当該納入業者の利益となるものではなかった。

想定例68 取引の相手方から収集したデータの一方的な自己への帰属

　商品Aの製造販売業者Xは、サプライチェーン全体において排出される温室効果ガスの削減に向けて排出量の見える化を行うこととした。そこで、Xは、サプライチェーン内の各取引段階における排出量データを集約するプラットフォームを構築し、取引の相手方に対して、当該取引の相手方の排出量データについて、無償又は当該データを提供するに当たって当該取引の相手方にお

いて発生するコストに見合った適正な額を下回る対価により、リアルタイムで当該プラットフォームに提供することを要請した。当該データは、各社が温室効果ガス削減に向けた取組を検討するために非常に有益であるにもかかわらず、Xは、当該取引の相手方による当該プラットフォーム上のあらゆるデータへのアクセスを拒否し、自社における取組の検討にのみ用いた。

[解説]

　この行為は、取引の相手方に対して、温室効果ガス排出量のデータを無償等の条件の下で提供させる一方で、収集したデータへのアクセスを認めなかったものである。温室効果ガス削減のために様々な経済上の利益の提供要請を行うこと自体は問題となるものではないが、データの提供に関して、取引の相手方に相当程度の費用が発生するにもかかわらず、その費用を勘案した適正な対価を支払わず、かつ、収集したデータへアクセスさせないものであるため、取引の相手方に対して不当に不利益を与えるものであり、独占禁止法上問題となる。

解説

　独占禁止法上問題となる行為の想定例として、金銭の負担要請に関する想定例（ 想定例66 ）と、その他経済上の利益の提供要請に関する想定例が二つ（ 想定例67 、 想定例68 ）取り上げられている。要請の対象となる経済上の利益の類型によって基本的な考え方が変わるものではないが、優越的地位の濫用ガイドラインでは、「協賛金等の負担の要請」（第4の2(1)）、「従業員等の派遣の要請」（同(2)）及び「その他経済上の利益の提供の要請」（同(3)）に分けて考え方を示している。

　前述のとおり、経済上の利益の提供要請に関して、正常な商慣習に照らして不当に不利益を与えているかどうかの検討は、①あらかじめ計算できない不利益を与えることとなっていないか及び②合理的であると認められる範囲を超えた負担となり、取引の相手方に不利益を与えることとなっていないかを考慮して行われる。双方の要素を満たさなくても、いずれか片方の要素を満たせば独占禁止法上問題となる。

　 想定例66 は、下線部前半「「温室効果ガス削減対策費」の算出根拠や具体的な使途を明確にせず」及び取引の相手方における負担額が具体的には不明確であるとの状況から、あらかじめ計算できない不利益を与えているといえる。また、下線部後半「徴収した費用を当該取引の相手方の直接の利益と

なる活動のために用いていなかった。」ことから、要請に応じて取引の相手方が金銭的負担を負う一方で、それに伴い実際に生じる利益がなかったことが示されており、取引の相手方における負担が合理的な範囲を超えたものであったといえる。

　取引の相手方に対する金銭の提供要請自体が直ちに独占禁止法上問題となるものではないが、この想定例のような、自己利益の確保を目的とした、取引の相手方に直接の利益の発生がない金銭の提供を強要する行為は問題となる。一方で、想定例 64 のように、取引の相手方の自由な意思に基づく金銭の提供であって、要請を行った発注者と、応じる取引の相手方の双方に直接の利益が発生するような場合であれば、問題なく実施することができる。

　想定例 67 は、従業員等の派遣以外の役務提供を無償で要請するものであり、優越的地位の濫用ガイドライン第 4 の 2(3)「その他経済上の利益の提供の要請」に関連する想定例である。「その他経済上の利益の提供の要請」は、「協賛金等の負担の要請」や「従業員等の派遣の要請」以外の経済上の利益の提供要請を指し、提供が無償で行われる場合には、経済上の利益の提供の要請の他の類型と基本的な考え方は同様であるが、有償で提供される場合には、「取引の対価の一方的決定」（グリーンガイドライン第 3 の 3、優越的地位の濫用ガイドライン第 4 の 3(5)ア）に記載されている考え方が適用される（優越的地位の濫用ガイドライン第 4 の 2(3)ア（注 15）参照）。

　想定例 67 では、発注内容に含まれない役務を無償で提供させていることから、あらかじめ計算できない不利益を与えているといえる。また、他社商品の梱包材も含めて回収させ、それによる取引の相手方における直接の利益の発生がないにもかかわらず負担を負わせていることから、合理的な範囲を超えた不利益も与えており、正常な商慣習に照らして不当に不利益を与えているといえる。

　想定例 68 は、想定例 65 にもあったサプライチェーン上のデータ連携に関する想定例である。想定例 68 については、発注者がデータの提供要請を行う取引の相手方に対してデータ提供に係る費用の負担を求める一方で、取引の相手方は収集したデータへのアクセスが認められていないことから直接の利益を得ることができず、発注者は取引の相手方に対して不当に不利益を与えているといえる。一方 想定例 65 では、データ提供に必要なコストはプ

ラットフォームを構築する発注者が負担し、またデータ提供者である取引の相手方に対して集約されたデータへのアクセスが認められることで取引の相手方においても直接の利益が得られていた。これら二つの想定例の間には、主に、データ収集に係る費用の負担や収集したデータから得られる利益の共有の状況に差異があるといえる。

3 取引の対価の一方的決定
(1) 独占禁止法上問題とならない行為

> 3 取引の対価の一方的決定
> 　事業者が、温室効果ガス削減等を目的として、取引の相手方に対し、当該目的を達成するための取組や、商品又は役務の改良等を要請することが考えられる。このような改良等を実施するために、当該取引の相手方において追加的なコストが発生する場合がある。
>
> (1) 独占禁止法上問題とならない行為
> 　事業者が、温室効果ガス削減等を目的として、取引の相手方に対し、商品又は役務の改良等を求めるに当たって、その実施に伴い取引の相手方に生じる追加的なコストを加味した取引価格の見直しを提案し、取引価格の再交渉において、当該取引の相手方に生じるコストの上昇分を考慮した上で、双方納得の上で取引価格を設定する場合には、独占禁止法上問題とはならない。

解説

　「取引の対価の一方的決定」は、例えば、温室効果ガス削減を目的とした取組によって取引の相手方のコストが大幅に増加したにもかかわらず、発注者が一方的に、従来と同一の価格を押し付けることを問題とするものである。独占禁止法第2条第9項第5号ハでは以下のとおり規定される。

> ハ　取引の相手方からの取引に係る商品の受領を拒み、取引の相手方から取引に係る商品を受領した後当該商品を当該取引の相手方に引き取らせ、取引の相手方に対して取引の対価の支払を遅らせ、若しくはその額を減じ、その他取引の相手方に不利益となるように取引の条件を設定し、若しくは変更し、

　一般に取引の条件等に係る交渉が十分に行われないときには、取引の相手方は、取引の条件等が一方的に決定されたものと認識しがちである。発注者は、取引の条件等を取引の相手方に提示する際、当該条件等を提示した理由について、取引の相手方へ十分に説明することが望ましい（優越的地位の濫用ガイドライン第4の3(5)参照）。

　独占禁止法上の問題の有無を検討するに当たっては、決定した対価の額の合理性や、どのような手続を経て取り決めたのか（決定方法）等の確認が行われる。取引の対価の決定に当たっては、取引の相手方の事情を考慮し、十分な協議を尽くすことが重要となる。十分な協議が行われていたかどうかの判断に当たっては、協議の時期や協議の方法、合意しないと不利益な取扱いをする旨示唆していないかなどについて、個別の事案ごとに検討が行われる。十分な協議が仮装されているに過ぎない場合は独占禁止法上問題となるが、十分な協議の結果、取引条件について合意に達せず、発注が見送られること自体は、優越的地位の濫用として直ちに問題となり得るとまではいえない。また、協議の中で、要請のあった対価で取引を行おうとする同業者が他に存在すること等を理由として、低い対価又は高い対価で取引するように要請することが、対価に係る交渉の一環として行われているものであって、その額が需給関係を反映したものであると認められる場合にも問題とはならない。

　なお、一旦決定された対価を事後に減ずる場合には、「減額」（優越的地位の濫用ガイドライン第4の3(4)）の問題となる。

●独占禁止法上問題とならない行為の想定例

想定例 69　取引先のコスト上昇を反映した対価の設定

　商品Aの製造販売業者Xは、商品Aの製造に用いられる部品Bの製造を委託している取引の相手方Yに対して、従来使用していた資材Cではなく、環境に配慮した資材Dを使用できないか相談し、実現した場合の部品Bの単価について協議した。その結果、資材Dの調達価格は資材Cの調達価格より高価であったことが判明したため、その差額分を上乗せした単価を、資材変更後の部品Bの単価として新たに設定した。

　商品Ａの製造販売業者Ｘは、貨物輸送事業者Ｂに対して、需要者への商品Ａの輸送に当たって排出される温室効果ガス削減を目的として、非化石エネルギー自動車での貨物輸送に限定した発注を行った。Ｘは、前記発注を行うに当たり、前記発注のために新たに非化石エネルギー自動車を導入する費用を踏まえた見積書の提出をＢに要請し、Ｂから提出された見積書に基づいて、その合理性について双方で協議を行った。また、Ｘは協議の中で、Ｂに対して見積額からの減額を求める主張を行う際には、その合理的な理由を説明し、Ｘが一方的に対価を決定することとならないよう十分な協議を行った。

解説

　発注者が、自社における温室効果ガス削減等に向けた取組のために、取引の相手方に対して原材料等の変更を求める想定例が二つ取り上げられている。

　■想定例 69 は、取引の相手方に発注している部品の製造に用いる資材を環境に配慮した資材へと変更する場合に、取引の相手方と協議し、資材変更に伴うコスト増加分を発注者が負担する内容で対価を決定している。

　■想定例 70 は、温室効果ガス削減を目指して非化石エネルギー自動車に限定した貨物輸送の発注を行う場合に、取引の相手方において生ずる非化石エネルギー自動車の導入費用の負担について発注者と取引の相手方が協議する様子が示された想定例であり、令和 6 年改定により追加された。発注者は、自ら非化石自動車を導入する費用を踏まえた対価の設定に向けた協議の場を設けており、また、意見を述べる際には合理的な理由を示していることから、取引の相手方と十分な協議を行い対価を一方的に決定することのないよう留意した対応を行っている。

　なお、協議に当たり、新たに希望する対価についての理由や根拠資料の提出を取引の相手方に求めること自体は問題とならないが（「労務費の適切な転嫁のための価格交渉に関する指針」（令和 5 年 11 月 29 日内閣官房・公正取引委員会。以下「労務費価格交渉指針」という。）第 2 の 1「発注者としての行動③」参照）、社外秘である製造原価計算資料、労務管理関係資料等を提出させ、当該資料を分析し、「利益率が高いので値下げに応じられるはず」などと主張し、著しく低い納入価格を一方的に定める場合（優越的地位の濫用ガイドライン第 4 の 3(5)ア想定例⑩）には独占禁止法上問題となる。また、これら二つ

の事例は発注者における温室効果ガス削減等に向けた取組に係るものであったが、取引の相手方における温室効果ガス削減等に向けた取組に関連して取引に係るコストが上昇する場合であっても、発注者においては、取引の相手方と十分な協議を行った上で対価の決定を行うことが求められる。

(2) 独占禁止法上問題となる行為

> (2) 独占禁止法上問題となる行為
> 　　取引上の地位が相手方に優越している事業者が、温室効果ガス削減等を目的として、取引の相手方に対し、当該取引の相手方に生じるコスト上昇分を考慮することなく、一方的に、著しく低い対価での取引を要請する場合であって、当該取引の相手方が、今後の取引に与える影響等を懸念して当該要請を受け入れざるを得ない場合には、正常な商慣習に照らして不当に不利益を与えることとなり、独占禁止法上問題となる。
> 　　この判断に当たっては、対価の決定に当たり当該取引の相手方と十分な協議が行われたかどうか等の対価の決定方法のほか、他の取引の相手方の対価と比べて差別的であるかどうか、当該取引の相手方の仕入価格を下回るものであるかどうか、通常の購入価格又は販売価格との乖離の状況、取引の対象となる商品又は役務の需給関係等を総合的に勘案する。

解説

　取引の対価の一方的決定として独占禁止法上問題となるかどうかを検討する際の考慮要素が記載されている。検討は、①決定方法・内容及び②対価の水準に着目して行われる。

　①の決定方法については、十分に協議が行われたか等の確認が行われるが、価格交渉を行う際に、協議内容を記録し、発注者及び取引の相手方双方が確認して残すことは、双方の認識のずれを解消し、トラブルの未然防止に役立つ（労務費価格交渉指針第2の3「発注者・受注者共通の行動②」参照）。決定内容については、他の取引の相手方の対価と比べて差別的であるかどうかを確認することとなるが、差別的であるかどうかについては、取引数量の相違等の正当なコスト差に基づくものであるか、商品の需給関係を反映したものであるかなど、個別の事案ごとに判断される。発注量、配送方法、決済方法、返品の可否等の取引条件に照らして合理的な理由がないにもかかわらず特定

の取引の相手方を差別して取り扱い、他の取引の相手方より著しく低い又は著しく高い対価の額を一方的に定めることは、独占禁止法上問題となる（優越的地位の濫用ガイドライン第4の3(5)ア想定例⑥）。

●独占禁止法上問題となる行為の想定例

| 想定例 71 | 従来品より温室効果ガス排出量を削減した仕様に基づく発注における対価の一方的決定 |

　商品Aの製造販売業者Xは、商品Aの製造に用いられる部品Bの製造を委託している取引の相手方Y及びZに対して、今後は、部品Bの製造過程で排出される温室効果ガスの削減を盛り込んだ新たな仕様に基づき納品するよう発注した。当該仕様を実現するためには、Y及びZにおいては、研究開発費の増加や従前とは異なる原材料等の調達に当たってコストが発生することになった。Xは、Y及びZとの価格交渉の場において、当該コストの発生に関してそれぞれ明示的に協議することなく、従来の部品Bと同じ取引価格に据え置いた。

［解説］
　この行為は、新たな仕様に基づいて取引の相手方に対して発注する際、コストが発生するにもかかわらず、対価の決定に当たって明示的な協議を行わなかったものである。温室効果ガス削減を目的として仕様の変更を行うこと自体は問題となるものではないが、明示的な協議を行わずに一方的に価格を据え置く行為は、独占禁止法上問題となる。

| 想定例 72 | 非化石エネルギー自動車での貨物輸送の発注における対価の一方的決定 |

　商品Aの製造販売業者Xは、貨物輸送事業者Yに対して、需要者への商品Aの輸送に当たって排出される温室効果ガス削減を目的として、非化石エネルギー自動車での貨物輸送に限定した発注を行った。Yは、当該発注への対応のために非化石エネルギー自動車を導入する必要があり、コストが大幅に増加したため、Xに対して、当該費用を運賃に反映するよう交渉を求めたが、Xは交渉に応じることなく、一方的に、従来同様の運賃に据え置いた。

解説
　発注者による温室効果ガス削減を目的とした仕様や発注内容の変更によって取引の相手方のコストが上昇する場合に、上昇分のコストの負担を取引の

相手方に対して一方的に押し付ける想定例が二つ取り上げられている。想定例71は、温室効果ガス削減を目的とした仕様変更に関する想定例である。想定例72は、想定例70と同様、令和6年改定により追加されたものであり、電気や水素をエネルギーとするトラックの導入に関する想定例である。いずれの想定例も仕様や発注内容の変更によって取引の相手方のコストが上昇しているが、十分な協議を行うことなく、上昇分のコストの負担を取引の相手方に負わせている。

　なお、発注者における仕様変更時等のみならず、取引の相手方からの提案による温室効果ガス削減を目的とした発注者との取引内容の変更の際にも、発注者は、十分な協議の上で取引の対価を決定することが求められる。

4　その他の取引条件の設定等

> 4　その他の取引条件の設定等
>
> 　事業者が、温室効果ガス削減等を目的として、取引の相手方に対し、様々な形で、取引の条件を設定し、若しくは変更し、又は取引を実施することが考えられる。
>
> 　このような行為が、前記1から3までにおいて示した行為類型に該当する場合には、それぞれに記載した考え方を踏まえて、独占禁止法上問題となるか否かが判断される。また、前記1から3までにおいて示した行為類型に該当しない場合であっても、「受領拒否」、「返品」、「支払遅延」及び「減額」並びに「やり直しの要請」に該当する場合には、優越的地位の濫用ガイドラインの考え方を踏まえて独占禁止法上問題となるか否かが判断される。
>
> 　その上で、これらの行為類型に該当しない場合であっても、取引上の地位が優越している事業者が、取引の相手方に対し、一方的に、取引の条件を設定し、若しくは変更し、又は取引を実施する場合に、当該取引の相手方に正常な商慣習に照らして不当に不利益を与えることとなるときは、独占禁止法上問題となる。
>
> 　なお、正常な商慣習に照らして不当に不利益を与えることとならないと判断される場合には、独占禁止法上問題とはならず、当該判断に当たっては、前記1から3までで示した考え方が参考になる。

解説

　グリーンガイドライン第3の1から3までにおいて示した行為類型に該

当しない場合であっても、取引上の地位が優越している事業者が、取引の相手方に対して、正常な商慣習に照らして不当に不利益を与えることとなるときには、独占禁止法上問題となることが示されている。正常な商慣習に照らして不当に不利益を与えることとなるかどうかの判断は、行為類型によって大きく変わるものではなく、①取引の相手方に対してあらかじめ計算できない不利益を与えることとなっていないか、②合理的であると認められる範囲を超えた負担となり、取引の相手方に不利益を与えることとなっていないかという観点に留意が必要となる。

●独占禁止法上問題となる行為の想定例

> **想定例73** 温室効果ガス排出量を削減するための機械設備の導入を指示した後の発注取消し
>
> 　商品Aの製造販売業者Xは、商品Aの製造に用いられる部品Bの製造を委託している取引の相手方Y及びZに対して、温室効果ガス排出量を削減するための新たな機械設備の導入を指示し、当該機械設備の導入後直ちに一定数量を発注することを説明して発注を確約し、Y及びZが当該機械設備の導入等の取引の実現に向けた行動を採っているのを認識していたにもかかわらず、自己の一方的な都合により、発注を取り消した。

解説

　想定例73は、発注者による一方的な発注取消しが、取引の相手方に対して不当に不利益を与えているものである。この他にも、取引の相手方に対して有償で支給する原材料の対価を早期に決済することや、支払期日までに一般の金融機関による割引を受けることが困難な手形を交付し、通常よりも割高な割引料を負担させること等の行為を、自己の一方的な都合で実施することも、独占禁止法上問題となる。

第4 企業結合

第4　企業結合

　　事業者が、グリーン社会の実現に向けた取組の中で、研究開発能力の強化や事業活動の効率化等を目的として企業結合を行うことが考えられる。こうした企業結合は、研究開発活動を活発化させて温室効果ガス削減に貢献する新たな技術の開発等のイノベーションを引き起こしたり、温室効果ガス削減にも貢献する生産・流通の効率化を実現したりするなど、競争を促進する効果を持つ場合もあり、独占禁止法上問題とならない場合も多い。

　　しかし、温室効果ガス削減に貢献する技術に関する研究開発能力の強化等の目的によるものであったとしても、企業結合が市場における競争を実質的に制限することとなる場合、①需要者の選択肢が狭まり需要者が価格上昇等の不利益を被るだけでなく、②需要に適切に対応しようとする当事会社のインセンティブが失われ、その結果当事会社が更に成長する機会を逸することとなり、ひいては経済の活性化を妨げることとなるほか、温室効果ガスの排出量を削減する新たな技術の開発や実装がかえって阻害されることも起こり得る。こうした観点から、独占禁止法は、市場における競争を実質的に制限することとなる企業結合を禁止し、公正取引委員会は、独占禁止法の規定に従って、企業結合審査を行っている。

　　以下では、企業結合審査の流れ及び基本的な考え方について、想定例を挙げながら説明する。

　　なお、企業結合に該当しない事業者間の提携行為に係る考え方については、前記第1の3(2)業務提携に関する記載を参照されたい。

　グリーンガイドラインは、グリーン社会の実現に向けた事業者の様々な取組を網羅的にカバーするため、企業結合に関する項目を置いている。「企業結合」とは、会社の株式（社員の持分を含む。以下同じ。）の取得若しくは所有（以下「保有」という。独占禁止法第10条）、役員兼任（同法第13条）、会社以外の者の株式の保有（同法第14条）又は会社の合併（同法第15条）、共同新設分割若しくは吸収分割（同法第15条の2）、共同株式移転（同法第15条の3）若しくは事業譲受け等（同法第16条）のことをいう。

　グリーン社会の実現に向けた企業結合として、具体的には、大規模な研究開発投資や設備投資を行うために共同出資会社を設立する場合や、カーボンニュートラルに向けた新規事業への集中投資や人員投入を行うために既存事業の一部を切り出し、他社への事業承継を実施する場合などが考えられる。

1　企業結合審査の流れ

> 1　企業結合審査の流れ
>
> 　(1)　届出を要する企業結合計画
>
> 　　　以下の図表1のような一定の条件を満たす会社が企業結合を計画する場合は、あらかじめ公正取引委員会に届出を行わなければならない。この場合の企業結合審査の流れは、図表2のとおりである。
>
> 　　　届出のあった企業結合計画について、公正取引委員会が届出受理の日から30日以内に独占禁止法の規定に照らして問題がないと判断した場合は、この期間内に審査が終了する（第1次審査）。
>
> 　　　また、公正取引委員会が詳細な審査を行う必要があると判断した場合は、届出会社に対して必要な報告等を求める（第2次審査）。そして、全ての報告等を受理した日から90日以内に、当該企業結合計画が独占禁止法の規定に照らして問題があるかどうかを判断する。
>
> 　　　企業結合が市場における競争を実質的に制限することとなると判断された場合でも、当事会社が一定の適切な措置（問題解消措置）を講ずることで、その問題を解消することができる場合には、当該企業結合計画は独占禁止法上問題とならないと判断される（計画された企業結合を行うことができる。）。

図表1　類型別の届出を要する場合の概要

類型（関係法条）		届出を要する場合の概要
株式取得（第10条）		① 国内売上高合計額(注1) 200億円超の会社が ② 株式発行会社とその子会社の国内売上高を合計した額が50億円超の株式発行会社の株式を取得し ③ 議決権保有割合(注2)が20％又は50％を超えることとなる場合
合併（第15条）、 共同株式移転（第15条の3）		① 国内売上高合計額200億円超の会社と ② 国内売上高合計額50億円超の会社が ③ 合併（又は共同株式移転）をする場合
分割 （第15条の 2）	共同新設分割	① 国内売上高合計額200億円超の会社と ② 国内売上高合計額50億円超の会社が ③ 共同新設分割により設立する会社に事業の全部を承継させる場合　　　　　　　　　　等
	吸収分割	① 国内売上高合計額200億円超の会社が ② 国内売上高合計額50億円超の会社に ③ その事業の全部を承継させる場合　　　　等
事業等譲受け（第16条）		① 国内売上高合計額200億円超の会社が ② 国内売上高30億円超の会社から事業の全部の譲受けをする場合 　　　　　　又は ① 国内売上高合計額200億円超の会社が ② 国内売上高30億円超の事業の重要部分（又は事業上の固定資産の全部若しくは重要部分）の譲受けをする場合

（注1）　国内売上高合計額とは、企業結合集団（届出会社の「最終親会社」及びその子会社から成る集団）内の会社等の国内売上高を合計した額をいう。

（注2）　議決権保有割合とは、企業結合集団に属する会社等が保有する議決権の割合をいう。

図表2　企業結合審査のフローチャート

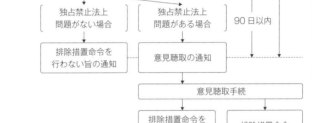

(2)　届出を要しない企業結合計画

　　届出を要しない企業結合を計画している会社から、公正取引委員会に対し、当該企業結合計画に関して、具体的な計画内容を示して相談があった場合には、公正取引委員会は、届出を要する企業結合計画について届出が行われた場合に準じて対応する。

　　また、当事会社のうち実質的に買収される会社の国内売上高等に係る金額のみが届出基準に満たさないために届出を要しない企業結合計画のうち、買収に係る対価の総額が大きく、かつ、国内の需要者に影響を与えると見込まれる場合には、公正取引委員会は、当事会社に資料等の提出を求め、企業結合審査を行う。

解説

　一定規模以上の企業結合については、法律上、届出が義務付けられ、公正取引委員会が審査を行うことになる（独占禁止法第10条第2項、第15条第2項、第15条の2第2項、第3項、第15条の3第2項、第16条第2項）。ここで

は、どのような規模の場合、届出の義務が生じ、届出の前後でどのように手続が進むのかが説明されている。

　また、規模が小さく、届出義務が生じない企業結合計画についても、公正取引委員会が審査を行う場合があることは留意する必要がある。この場合、事業者としては、自ら公正取引委員会に相談を行うことが可能である。

2　企業結合審査の基本的な考え方

> 2　企業結合審査の基本的な考え方
> 　公正取引委員会が企業結合審査を行う際の考え方は、企業結合ガイドラインとして公表されている。
> 　企業結合審査では、まず、需要者がどの範囲の供給者から商品又は役務（後記(1)及び(2)において、両者を併せて「商品」という。）を調達できるかという観点から一定の取引分野（市場）の範囲を画定した上で、計画された企業結合によって競争が実質的に制限されることとなるか否か、つまり、需要者にとって十分な選択肢が確保できなくなるような状況になるかどうかという観点から独占禁止法上問題となるか否かが検討される。

解説

　企業結合審査においては、「一定の取引分野の画定」と「競争の実質的制限の検討」という二つのポイントがあることが示されている。特に、後者については、単に市場シェアが高いということで問題となるのではなく、「需要者にとって十分な選択肢が確保できなくなるような状況になるかどうかという観点から」検討が行われる点が重要である。

　また、企業結合審査に関する公正委員会の考え方としては、企業結合ガイドラインが存在する。グリーンガイドラインは企業結合ガイドラインの主要部分をカバーしつつ、グリーンに関する取組についての説明や想定例を追記したものであるが、企業結合一般に関するより詳細な説明については、企業結合ガイドラインを参照することが有益である。

(1) 一定の取引分野

> (1) 一定の取引分野
>
>   一定の取引分野は、企業結合により競争が制限されることとなるか否かを判断するための範囲（「商品範囲」と「地理的範囲」）を示すものである。
>
>   一定の取引分野は、基本的には、需要者にとっての代替性の観点から、また、必要に応じて供給者にとっての代替性の観点から画定される。
>
>   需要者にとっての代替性は、ある地域で、ある事業者が、ある商品を独占して供給しているという仮定の下で、当該独占事業者が、利潤最大化を図る目的で、「小幅ではあるが実質的かつ一時的ではない価格引上げ」をした場合に、需要者が当該商品の購入を他の商品や他の地域に振り替える程度を考慮して判断される。
>
>   一定の取引分野は、取引実態に応じ、ある商品の範囲（又は地理的範囲等）について成立すると同時に、それより広い（又は狭い）商品の範囲（又は地理的範囲等）についても成立するというように、重層的に成立することがある。この点、温室効果ガス削減等に寄与する商品を選好する需要者にとっては既存商品と代替的ではないと評価することもできる新規商品については、既存商品とは区別して一定の取引分野を構成するものとして重層的に市場が画定され得る。
>
>   なお、このような場合において、新規商品の市場と既存商品の市場が隣接市場として相互にある程度競争上の影響を及ぼし得ることがある。そのため、既存商品について、新規商品の市場における競争を促進する要素として評価できることや、新規商品について、既存商品の市場における競争を促進する要素として評価できることがある。

解説

　企業結合審査では、まず、一定の取引分野の画定についての検討が行われるが、ここではその方法についての説明がなされている。過去の企業結合審査における一定の取引分野の画定の例については、公正取引委員会ウェブサイト内の「一定の取引分野の例」に関する資料にまとめられており[14]、同じ又は類似の事業分野で企業結合を検討する際の参考となる。

---

14)　公正取引委員会ウェブサイト内の企業結合に関する統計・資料のページ（https://www.jftc.go.jp/dk/kiketsu/toukeishiryo/index.html）にリンクが掲載されている。

また、需要者にとっての代替性を判断する際の「小幅ではあるが実質的かつ一時的ではない価格引上げ」とは、通常、引上げの幅については5％〜10％程度、期間については1年程度のものを指す。このような考え方は、「仮定的独占者基準」又は「SSNIP（スニップ）基準」と呼ばれる。SSNIPは、Small but Significant and Non-transitory Increase in Price の略である。

令和6年改定により、新規商品の市場と既存商品の市場が隣接市場として相互にある程度競争上の影響を及ぼし得ることがあることが追記された。これは、仮にそれぞれの市場においてシェアが高くなるような企業結合であったとしても、隣接市場からの競争圧力が存在することにより、問題なく実施可能である場合があることを示すために追記されたものである。

●一定の取引分野の画定の想定例

▌想定例 74▐ 動力源の異なる商品の市場画定

商品Aには化石燃料を動力源とするタイプの商品A1と電気を動力源とするタイプの商品A2がある。電気を動力源とする商品A2は、長期的に利用した場合の総コストが低く抑えられ、環境負荷が低いという特徴がある一方、種類によっては化石燃料を利用することも可能である。このような事情を踏まえると、<u>商品A1と商品A2を代替的に選択する需要者の存在は否定できないものの、昨今の環境意識の高まりなどから両者を代替的とは認識しない需要者が一定程度存在すると考えられることから、商品A1と商品A2との間の需要の代替性は限定的</u>と認められる。また、商品A1と商品A2とでは、製造に要する技術やノウハウ等が異なり、<u>一方の製造から他方の製造へ容易に転換できるとは認められない</u>ため、両者の間に供給の代替性も認められない。こうした状況を踏まえ、<u>商品範囲を「商品A1」と「商品A2」で別個に画定した。</u>

▌想定例 75▐ 発電事業全体と再生可能エネルギー発電事業の重層的な市場画定

発電事業を行う会社Xは、再生可能エネルギー発電事業を強化するため、同事業分野で実績のある会社Yの株式を取得することとした。<u>発電された電力は発電方法の違いにより品質等に差が生じるものではないが、再生可能エネルギーを用いて発電した電力を特に求める最終需要者が出現しており、発電事業の直接の需要者である小売電気事業者においても、そのような最終需要者をターゲットとして再生可能エネルギーを用いて発電した電力を販売する者が現れており、そうした事業者は再生可能エネルギーを指定して調達を行ってい</u>

る。こうした最終需要者をターゲットにした電力供給を行おうと考える小売電気事業者にとっては、火力を中心とした化石燃料を用いて発電した電力は、再生可能エネルギーを用いて発電した電力の代替とはなり得ないと考えられる。このような再生可能エネルギーに対する需要者の考え方の変化等があることに鑑みれば、需要者にとって、発電事業と再生可能エネルギー発電事業との間における需要の代替性は限定的になりつつあり、発電事業のうち、再生可能エネルギー発電事業を特に区別し、商品範囲を「発電事業全体」と「再生可能エネルギー発電事業」で重層的に画定した。

解説

　一定の取引分野の画定について二つの想定例が挙げられている。これらの想定例は実際の企業結合審査案件を前提とした内容となっており、具体的には、想定例 74 は「令和元年度における主要な企業結合事例」（令和 2 年 7 月 22 日）事例 6（トヨタ自動車㈱及びパナソニック㈱による車載用リチウムイオン電池事業等に係る共同出資会社の設立）を基礎としたものであり、想定例 75 は「令和 3 年度における主要な企業結合事例」（令和 4 年 6 月 22 日）事例 5（ENEOS㈱によるジャパン・リニューアブル・エナジー㈱の株式取得）を基礎としたものとなっている。これらの事例では、「化石燃料を動力源とするタイプの商品」と「電気を動力源とするタイプの商品」や、「発電事業全体」と「再生可能エネルギー発電事業」のように、異なる二つの市場が画定される場合があることを示しているが、前述のとおり、それぞれの市場において市場シェアが高くなるような企業結合であったとしても、隣接市場からの競争圧力が存在することにより、問題なく実施可能な場合があると考えられる。

(2) 競争の実質的制限

(2) 競争の実質的制限
　　企業結合が一定の取引分野における競争を実質的に制限することとなるか否かについては、水平型企業結合（同一の一定の取引分野において競争関係にある会社間の企業結合をいう。以下同じ。）、垂直型企業結合（例えば、メーカーとその商品の販売業者との間の合併など、取引段階を異にする会社間の企業結合をいう。以下同じ。）及び混合型企業結合（例えば、異業種に属する会社間の合併、一定の取引分野の地理的範囲を異にする会社間の株式

保有など水平型企業結合又は垂直型企業結合のいずれにも該当しない企業結合をいう。以下同じ。）のそれぞれについて、後記ウのとおり各判断要素を総合的に勘案して判断するが、後記ア及びイの基準（以下「セーフハーバー基準」という。）に該当する場合には、一定の取引分野における競争を実質的に制限することとなるとは通常考えられない。

ア　水平型企業結合のセーフハーバー基準
　　企業結合後のハーフィンダール・ハーシュマン指数（一定の取引分野での各事業者の市場シェアの2乗の総和によって算出される指数のこと。以下「HHI」という。）が次の①から③までのいずれかに該当する場合は、水平型企業結合が一定の取引分野における競争を実質的に制限することとなるとは通常考えられない。
①　企業結合後のHHIが1,500以下である場合
②　企業結合後のHHIが1,500超2,500以下であって、かつ、HHIの増分が250以下である場合
③　企業結合後のHHIが2,500を超え、かつ、HHIの増分が150以下である場合
　　なお、前記の基準に該当しない場合であっても、直ちに競争を実質的に制限することとなるものではなく、個々の事案ごとに判断されることとなるが、過去の事例に照らせば、企業結合後のHHIが2,500以下であり、かつ、企業結合後の当事会社グループの市場シェアが35％以下の場合には、競争を実質的に制限することとなるおそれは小さいと通常考えられる。

イ　垂直型企業結合又は混合型企業結合のセーフハーバー基準
　　企業結合後の当事会社グループが次の①又は②に該当する場合には、垂直型企業結合又は混合型企業結合が一定の取引分野における競争を実質的に制限することとなるとは通常考えられない。
①　当事会社が関係する全ての一定の取引分野において、企業結合後の当事会社グループの市場シェアが10％以下である場合
②　当事会社が関係する全ての一定の取引分野において、企業結合後のHHIが2,500以下の場合であって、企業結合後の当事会社グループの市場シェアが25％以下である場合
　　なお、前記の基準に該当しない場合であっても、直ちに競争を実質的に制限することとなるものではなく、個々の事案ごとに判断されることとな

るが、過去の事例に照らせば、企業結合後の HHI が 2,500 以下であり、かつ、企業結合後の当事会社グループの市場シェアが 35％以下の場合には、競争を実質的に制限することとなるおそれは小さいと通常考えられる。

ウ　セーフハーバー基準に該当しない場合
　　セーフハーバー基準に該当しない場合には、①当事会社グループの単独行動により一定の取引分野における競争を実質的に制限することとなるかどうか、また、②当事会社グループとその競争者が協調的行動を採ることにより一定の取引分野における競争を実質的に制限することとなるかどうかが検討される。
　　この検討では、水平型企業結合、垂直型企業結合及び混合型企業結合のそれぞれについて、以下のように判断を行う。

解説

　競争の実質的制限の判断については、まず、企業結合について、同業者間の統合である「水平型企業結合」、取引先との統合である「垂直型企業結合」及びその他の場合の「混合型企業結合」の三つに分類した上で、それぞれに対応するセーフハーバー基準への該当性の検討が行われる。セーフハーバー基準に該当する場合には、一定の取引分野における競争を実質的に制限することとなるとは通常考えられない。

　また、セーフハーバー基準に該当しないからといって、独占禁止法上問題があるということではない。セーフハーバー基準に該当しない企業結合については、以下、水平型企業結合、垂直型企業結合及び混合型企業結合のそれぞれについて示されている判断基準の下で検討が行われることとなる。

　なお、HHI の増分（Δ）については、企業結合前後の各事業者の市場シェアを基に算出することが可能であるほか、当事会社が 2 社（A 及び B）であった場合、当事会社のそれぞれの市場シェア（A＝a％、B＝b％）を乗じたものを 2 倍することによって計算することができる（Δ＝2ab）。

（ア）　水平型企業結合による競争の実質的制限

（ア）　水平型企業結合による競争の実質的制限

　　同一の一定の取引分野において競争関係にある会社同士が、温室効果ガス削減に向けて効果的に取り組むことを目的として、研究開発活動等の事業活動の一部を統合するなどの水平型企業結合を行うことがある。温室効果ガス削減という目的を達成するための積極的な取組には、一定の事業リスクやコストが生じるため、取組を推し進めるためには規模の経済等が必要であり、そのために水平型企業結合が有効な手段となり得る場合もあることから、水平型企業結合が効率性向上を促し、消費者利益をもたらすことがある。しかし、水平型企業結合は、一定の取引分野における競争単位の数を減少させるため、競争に与える影響が最も直接的であり、一定の取引分野における競争を実質的に制限することとなる可能性は、垂直型企業結合や混合型企業結合に比べ高い。

　　水平型企業結合が一定の取引分野における競争を実質的に制限することとなるのは、当事会社グループの単独行動による場合と、当事会社グループとその一又は複数の競争者（以下「競争者」という。）が協調的行動を採ることによる場合があり、当事会社グループが、単独行動又は競争者と協調的行動を採ることにより、商品の価格等をある程度自由に左右することができる状態が容易に現出し得る場合には、水平型企業結合が、一定の取引分野における競争を実質的に制限することとなる。

（i）　単独行動による競争の実質的制限についての判断要素

　　水平型企業結合が単独行動により一定の取引分野における競争を実質的に制限することとなるか否かについては、以下の要素を踏まえて判断される。

①　当事会社グループ及び競争者の地位等並びに市場における競争の状況等（市場シェア及びその順位、当事会社間の従来の競争の状況等、競争者の市場シェアとの格差、競争者の供給余力及び差別化の程度、研究開発の状況、並びに市場の特性）

②　輸入（制度上の障壁の程度、輸入に係る輸送費用の程度や流通上の問題の有無、輸入品と当事会社グループの商品の代替性の程度、及び海外の供給可能性の程度）

③　参入（制度上の参入障壁の程度、実態面での参入障壁の程度、参入者の商品と当事会社グループの商品の代替性の程度、及び参入可能性の程

度）

④　隣接市場からの競争圧力
⑤　需要者からの競争圧力
⑥　総合的な事業能力
⑦　効率性
⑧　当事会社グループの経営状況
⑨　一定の取引分野の規模

　企業結合後において、規模の経済性、生産設備の統合、工場の専門化、輸送費用の軽減、研究開発体制の効率化等により当事会社グループの効率性が向上することによって、当事会社グループが競争的な行動を採ることが見込まれる場合には、その点も加味して競争に与える影響を判断する。すなわち、グリーン社会の実現に向けた企業結合が、温室効果ガス削減に貢献する新たな技術等のイノベーションを引き起こす、温室効果ガス削減に貢献する新しい商品の市場を創り出すといった競争促進効果をもたらすことが見込まれる場合には、前記の判断要素のうち「効率性」の観点も評価される。

　ただし、効率性については、①企業結合に固有の効果として効率性が向上するものであること、②効率性の向上が実現可能であること、及び③効率性の向上により需要者の厚生が増大するものであることの三つの観点から判断される。また、独占又は独占に近い状況をもたらす企業結合を効率性が正当化することはほとんどない。

(ii)　協調的行動による競争の実質的制限についての判断要素
　　水平型企業結合が協調的行動により一定の取引分野における競争を実質的に制限することとなるか否かは、以下の要素を踏まえて判断される。

①　当事会社グループ及び競争者の地位等並びに市場における競争の状況等（競争者の数等、当事会社間の従来の競争の状況等、及び競争者の供給余力）
②　取引の実態等（取引条件等、需要動向、技術革新の動向等、及び過去の競争の状況）
③　輸入、参入及び隣接市場からの競争圧力等
④　効率性及び当事会社グループの経営状況

解説

　水平型企業結合について、どのような観点から審査が行われ、判断がなされるのかが記載されている。本(ア)の記載は企業結合ガイドライン第4の記載に基づいた内容となっている。具体的には、企業結合を行った当事会社グループの単独行動により生じ得る問題と、当事会社グループとその競争者が協調的行動を採ることにより生じ得る問題の二つの問題について、それぞれ、各種判断要素を踏まえて一定の取引分野における競争を実質的に制限することとなるかどうかが判断される。

　各種判断要素のうち、効率性について、脱炭素の取組については、価格低下の効果は見込まれない場合も多いと考えられることから、品質向上や新商品提供の観点からの検討が重要となると考えられる。効率性は三つの観点から判断されるが、その詳細は以下の①から③までのとおりである。また、協調的行動による場合における効率性の判断は、単独行動による場合に準じて行われるとされており、両者の間には実質的に差はないと考えられる。

　①　企業結合固有の効率性向上であること

　当該効率性の向上は、企業結合に固有の成果でなくてはならない。そのため、規模の経済性、生産設備の統合、工場の専門化、輸送費用の軽減、次世代技術・環境対応能力など研究開発の効率性等予定される効率性に関する各要因について、それが、より競争制限的とはならない他の方法によっては生じ得ないものである必要がある。

　②　効率性の向上が実現可能であること

　当該効率性の向上は、実現可能なものでなくてはならない。この点については、例えば、当該企業結合を決定するに至るまでの内部手続に係る文書、予定される効率性に関する株主及び金融市場に対する説明用の資料、効率性の向上等に関する外部専門家による資料等を検討することとなる。

　③　効率性の向上により需要者の厚生が増大するものであること

　当該効率性の向上により、商品の価格の低下、品質の向上、新商品の提供、次世代技術・環境対応能力など研究開発の効率化等を通じて、その成果が需要者に還元されなくてはならない。この点については、前記②に示した資料のほか、例えば、価格低下等の効果をもたらし得る能力向上に関する情報、需要・供給両面の競争圧力の下で価格低下、品質向上、新商品提供等を行っ

てきた実績等を検討することとなる（企業結合ガイドライン第4の2(7)）。

●独占禁止法上問題とならない企業結合の想定例

▌想定例76▐ **市場に有力な競争者が存在する水平型企業結合）**

　商品Ａの製造販売を行う会社Ｘは、温室効果ガス削減に向けた取組を進めるために巨額の研究開発投資が必要となることから、研究開発に向けた投資能力や技術力を強化することを目的として、同じ商品Ａの製造販売を行う競争者である会社Ｙの全株式を取得し、買収することとした。商品Ａは類似の商品は存在せず、需要の代替性及び供給の代替性の観点から一定の取引分野を構成する。商品Ａの市場シェアはＸが25％、Ｙが15％であり、本件企業結合は水平型企業結合のセーフハーバー基準は満たさないものの、商品Ａの製造販売業者としては、Ｘ及びＹのほかに市場シェアが両社よりも大きい競争者が複数存在し、いずれも商品Ａの製造設備や原材料に余裕があり、十分な供給余力を有している。商品Ａは需要者のニーズを踏まえたカスタマイズを行った上で販売されており、競争者の価格設定等の行動を予測することは難しい状況にある。

［解説］

　本件企業結合はセーフハーバー基準を満たさないものの、当事会社より市場シェアの大きな競争者が複数存在し、当該複数社が十分な供給余力を有していることを考えれば、単独行動により競争を実質的に制限することとはならないと考えられる。また、競争者の行動を予測することが難しい市場実態を踏まえると、協調的行動により競争を実質的に制限することとはならないと考えられる。

▌想定例77▐ **研究開発活動を行う共同出資会社の設立による水平型企業結合**

　商品Ａの製造販売を行う会社Ｘ及びＹは、商品Ａの製造過程において排出される温室効果ガス削減に向けて、それぞれ活発に研究開発活動を行ってきた。自社のカーボンニュートラルを達成するため、今後も研究開発活動を継続し、技術革新をもたらすことが必須であるが、Ｘ及びＹにおいては、研究開発活動のためのコストや事業活動上のリスクが増大している。そこで、Ｘ及びＹは、両社が出資して、商品Ａの製造過程において排出される温室効果ガスの削減技術の研究開発を専門に行う共同出資会社を設立することとした。ただし、商品Ａの製造及び販売は別々に行う。また、商品Ａの市場シェアはＸが30％、Ｙが20％であり、本件企業結合はセーフハーバー基準を満たさないも

のの、商品Aの製造販売を行う会社としては、X及びY以外にも複数の有力な競争者が存在し、各社は活発に研究開発を行うとともに、製造販売の段階では激しく競争している。

[解説]

　本件のような共同出資会社の設立は、出資会社間の間接的な企業結合関係を生じさせる場合があり、当事会社間の取引関係、業務提携その他の契約等の関係を考慮して企業結合審査の対象となる企業結合であるか否かを判断する。本件においてX及びYと共同出資会社間に結合関係が生じ、共同出資会社を通じて出資会社相互間（X及びY相互間）に商品Aの製造販売について協調関係が生じる場合、本件の水平型企業結合はセーフハーバー基準を満たさないものの、有力な競争者が複数存在し、各社による研究開発も活発に行われている状況から、単独行動による競争の実質的制限の問題は生じないと考えられる。また、商品Aの製造販売に関して激しい競争が行われている市場実態を踏まえると、協調的行動による競争の実質的制限の問題も生じないと考えられる。

■想定例78　隣接市場からの競争圧力により問題がないと判断される水平型企業結合

　商品Aの製造販売を行う会社X及びYは、商品Aと類似の効用を持ち、製造過程において排出される温室効果ガスが大幅に削減できる商品Bの製造を開始することを検討していた。商品Bの生産を開始するためには巨額の設備投資が必要となることから、X及びYは投資能力の強化や事業の効率化を目的として合併をすることとした。商品Aの市場シェアはXが60％、Yが40％であり、本件企業結合後の当事会社の市場シェアは100％となる。一方で、商品Bの製造販売業者としては、X及びY以外の有力な事業者が複数存在し、いずれも商品Bの製造設備や原材料に余裕があり、十分な供給余力を有している。また、需要者は商品Aから商品Bへの切替えを進めており、商品Aの需要は減退傾向にある。そのため、商品Aの市場には隣接市場である商品Bの市場からの競争圧力が強く働いていることが認められる。また、商品Aの需要者間の競争は活発であり、過去の価格交渉の状況によれば、需要者からX及びYに対する価格低減要請は厳しく、需要者からの競争圧力が認められる。

[解説]

　本件企業結合の結果、当事会社の商品Aの市場シェアは100％となるものの、隣接市場である商品Bの市場には有力な事業者が複数存在し、これらの事業者が十分な供給余力を有していることや、需要が商品Aから商品Bに移行していることを考えれば、隣接市場からの競争圧力が強く働いていることが

認められる。また、需要者からの競争圧力も認められることを踏まえれば、本件企業結合により競争を実質的に制限することとはならないと考えられる。

解説

　水平型企業結合について、独占禁止法上問題とならない想定例が三つ記載されている。いずれもセーフハーバー基準は満たさないものの、企業結合の当事会社に対して何らかの牽制力が働くことが認められることから、問題がないと判断されるものとなっている。

　 想定例76 については、十分な供給余力を有する有力な競争事業者の存在と競争者の行動を予測することが難しい市場実態から、問題とならないとの考え方が示されている。 想定例77 についても、複数の有力な競争者の存在や、各社の活発な研究開発の状況や製造販売の段階での激しい競争状況から、問題とはならないとの考え方が示されている。他方、令和6年改定により追加された 想定例78 については、企業結合後の当事会社の市場シェアは100％となるものであるが、隣接市場からの競争圧力及び需要者からの競争圧力が認められることから問題とならない事例として紹介されている。このような事例は実際の企業結合事例にも存在する。例えば、「令和4年度における主要な企業結合事例」（令和5年6月28日）事例4（古河電池㈱による三洋電機㈱のニカド電池事業の譲受け）がある。この事例では、円筒形ニカド素電池製造販売業等の市場において当事会社の市場シェアが100％となるものであったものの、円筒形ニカド素電池の川下市場に当たる円筒形ニカド組電池の製造販売市場に対しては、ニッケル水素電池等からの競争圧力が働いていることや、ニカド電池からニッケル水素電池等への切替えの動きがあることを踏まえ、間接的な隣接市場であるニッケル水素電池等からの競争圧力が認められるとの判断をしている。また、当事会社グループ間の競合の程度が限定的であることも踏まえ、本件企業結合について問題とはならないとの判断が行われている。

●独占禁止法上問題となる企業結合の想定例

> **想定例79** 特定の商品市場において独占に近い状況を生じさせる水平型
> 企業結合
>
>   商品Ａの製造販売を行う会社Ｘ及びＹは、新しい環境規制に対応した新商品Ａの製造過程において排出される温室効果ガスの更なる削減に向けて、それぞれ活発に研究開発活動を行ってきた。今後、商品Ａの需要が拡大することが予測されるところ、Ｘ及びＹは、商品Ａの製造販売に係る競争の激化を避け、研究開発活動に係るコストの増大を抑えるため、合併を行うこととした。
>
>   当該合併により、商品Ａの製造販売を行う会社は当事会社のほか１社のみとなり、当該会社はＸ及びＹに比べて事業規模が極めて小さい。また、商品Ａの製造販売を開始するためには高い技術力が必要であり新規参入は困難な状況である。さらに、商品Ａの代替となり得る商品はほかになく、海外での製造販売もないため、隣接市場や輸入等の競争圧力も期待できない状況にある。
>
> ［解説］
>
>   本件企業結合により、商品Ａの市場におけるＸ及びＹの地位は高くなり、競争者はＸ及びＹに比べて事業規模が極めて小さい１社のみとなるため、競争者からの競争圧力は限定的な状況となる。隣接市場や輸入等の競争圧力も期待できないとすると、単独行動又は競争者と協調的行動を採ることにより競争を実質的に制限することとなる。
>
>   なお、商品Ａと類似の効用を持ち、その代替となり得る商品の開発が進んでいるなど、近い将来に確実に生じる隣接市場からの競争圧力が認められる場合や、規制・制度等の変更が予定されており、中長期的にみて市場構造が変化し、需要者の考え方や消費者の選好の変化による需要の縮小が確実に見込まれ、隣接市場や需要者からの競争圧力が認められる場合など、異なる状況や追加的事情が認められる場合には、競争を実質的に制限することとはならない可能性がある。

解説

　水平型企業結合について、独占禁止法上問題となる場合の想定例として、企業結合の結果、需要者の選択肢が制限され、各種競争圧力の存在も認められない場合の例が 想定例79 において説明されている。この想定例の注目すべき点として、令和６年改定により解説の「なお」以下の記載が追加されている。ここでは、近い将来に確実に生じる隣接市場からの競争圧力が認め

られる場合や、規制・制度等の変更が予定されており、中長期的にみて市場構造が変化し、需要者の考え方や消費者の選好の変化による需要の縮小が確実に見込まれ、隣接市場や需要者からの競争圧力が認められる場合など、異なる状況や追加的事情が認められる場合には、競争を実質的に制限することとはならない可能性があるとの考え方が記載されているが、グリーン社会の実現に向けた企業結合においては、こうした状況や事情が認められる場合も多いのではないかと考えられる。ただし、中長期的視点については、それが遠くの将来になればなるほど予測や評価は困難になるものであるため、変化の確度（確実性）が重要となる点に留意すべきである。

　　㈠　垂直型企業結合による競争の実質的制限

> ㈠　垂直型企業結合による競争の実質的制限
> 　会社が、温室効果ガスの削減に向けて効果的に取り組むことを目的として、原材料の調達、部品の製造、研究開発等を強化するために、取引段階を異にする会社との間で垂直型企業結合を行うことがある。「2050年のカーボンニュートラルの達成」を実現するに当たっては、時間的な制約も大きいところ、事業者が迅速かつ効果的な取組を推し進めるためには、必要とする経営資源を有する特定の事業者との垂直型企業結合が有効な手段となり得る。
> 　垂直型企業結合は、一定の取引分野における競争単位の数を減少させないので、水平型企業結合に比べて競争に与える影響は大きくない。また、垂直型企業結合を行うことにより、温室効果ガス削減に貢献する商品をより効率的に提供することができるようになる等、消費者利益をもたらす可能性がある。
> 　市場の閉鎖性・排他性、協調的行動等による競争の実質的制限の問題を生じない限り、通常、一定の取引分野における競争を実質的に制限することとなるとは考えられない。
> 　垂直型企業結合が一定の取引分野における競争を実質的に制限することとなるのは、当事会社グループの単独行動による場合と、当事会社グループとその競争者が協調的行動を採ることによる場合があり、当事会社グループが、単独行動又は競争者と協調的行動を採ることにより、商品の価格等をある程度自由に左右することができる状態が容易に現出し得る場合、垂直型企業結合が、一定の取引分野における競争を実質的に制限することとなる。

(i) 単独行動による競争の実質的制限についての判断要素

　　垂直型企業結合が単独行動により一定の取引分野における競争を実質的に制限することとなるか否かは、供給拒否等や秘密情報の入手により川下市場において市場の閉鎖性・排他性の問題が生じるか、及び購入拒否等や秘密情報の入手により川上市場において市場の閉鎖性・排他性の問題が生じるかを検討した上で、前記2⑵ウ㈠(i)①から⑧までにおいて示した競争圧力等の考慮要素を踏まえて判断される。

(ii) 協調的行動による競争の実質的制限についての判断要素

　　垂直型企業結合が協調的行動により一定の取引分野における競争を実質的に制限することとなるか否かについては、垂直型企業結合後に当事会社グループと競争者が協調的な行動を採りやすくなるかを検討した上で、前記2⑵ウ㈠(ii)①から③まで並びに前記2⑵ウ㈠(i)⑦及び⑧において示した競争圧力等の考慮要素を踏まえて判断される。

解説

　垂直型企業結合について、どのような観点から審査が行われ、判断がなされるのかが説明されている。本㈠の記載は企業結合ガイドライン第5の記載に基づいた内容となっている。垂直型企業結合は、一定の取引分野における競争単位の数を減少させないので問題とならない場合も多いが、供給拒否等、購入拒否等又は秘密情報の入手により、川下市場又は川上の市場において市場の閉鎖性・排他性の問題が生じるときには、問題となることがある。

　「供給拒否等」とは、垂直型企業結合後、川上市場の当事会社が、川下市場の当事会社以外の事業者（競争者）に対して、商品の供給の拒否又は企業結合がなかった場合の取引と比較して競争上不利な条件での取引を行うことをいう（企業結合ガイドライン第5の2⑴ア）。供給拒否等によって川下市場の閉鎖性・排他性の問題が生じる場合があるが、川下市場の閉鎖性・排他性の問題をもたらす供給拒否等を「投入物閉鎖」という。投入物閉鎖が行われるか否かは、当事会社が投入物閉鎖を行う能力があるか否か、当事会社が投入物閉鎖を行うインセンティブがあるか否かを考慮して検討することとなる。

　また、「購入拒否等」とは、垂直型企業結合後、川下市場の当事会社が、川上市場の当事会社以外の事業者（競争者）に対して、商品の購入の拒否又

は企業結合がなかった場合の取引と比較して競争上不利な条件での取引を行うことをいう（企業結合ガイドライン第5の2(2)ア）。購入拒否等によって川上市場の閉鎖性・排他性の問題が生じる場合があるが、川上市場の閉鎖性・排他性の問題をもたらす購入拒否等を「顧客閉鎖」という。顧客閉鎖が行われるか否かについても、投入物閉鎖と同様、当事会社が顧客閉鎖を行う能力があるか否か、当事会社が顧客閉鎖を行うインセンティブがあるか否かを考慮して検討することとなる。

　さらに、ここでの「秘密情報の入手」とは、垂直型企業結合後、一方の当事会社が、他方の当事会社を通じて、競争者の商品の仕様や開発に関する情報、顧客に関する情報、原材料の調達価格・数量・組成等の情報といった競争上の重要な秘密情報を入手することをいう（企業結合ガイドライン第5の2(1)イ、(2)イ）。当事会社がこうした秘密情報を自己に有利に用いることにより、競争者が不利な立場に置かれ、競争者が市場から退出し、又は競争者からの牽制力が弱くなるような場合には、市場の閉鎖性・排他性の問題が生じる場合がある。

● 独占禁止法上問題とならない企業結合の想定例

■想定例80　市場の閉鎖性・排他性の問題をもたらさない垂直型企業結合

　旅客運送事業Ａの提供事業者Ｘは、当該役務の提供に当たって排出される温室効果ガスの削減に効果のある燃料Ｂの調達量を段階的に増やしている。Ｘは、自社としてのカーボンニュートラル達成に向け、燃料Ｂの安定的な調達を増やし、使用する全燃料のうちの燃料Ｂの割合を高めるため、燃料Ｂの供給事業者Ｙの株式の過半を取得することとした。旅客運送事業Ａの提供事業者はＸのほかにも複数存在し、各社の市場シェアはＸと同等であり、Ｘと同様に燃料Ｂの調達量を段階的に増やす意向を有している。また、燃料Ｂの供給事業者はＹのほかにも複数存在し、各社の市場シェアはＹと同等であり、十分な供給余力を有している。

［解説］

　本件垂直型企業結合の結果、ＹがＸ以外の旅客運送事業Ａの提供事業者に燃料Ｂを供給しないことによる問題（投入物閉鎖）及びＸがＹ以外の燃料Ｂの供給事業者から燃料Ｂを購入しないことによる問題（顧客閉鎖）の二つの問題が生じないか検討する必要がある。本件では、旅客運送事業Ａについて

も、燃料Bの供給事業についても、XやYと同等の市場シェアの会社が複数存在するところ、X以外は燃料Bの十分な供給余力を有するY以外の複数の会社から購入することが可能であり、Y以外は燃料Bの調達量を増やす意向を有するX以外の複数の会社に供給することが可能であることから、当事会社には投入物閉鎖及び顧客閉鎖を行う能力はないと考えられ、本件企業結合により競争を実質的に制限することとはならない。

解説

　垂直型企業結合について、独占禁止法上問題とならない場合の説明として、想定例80 が置かれている。旅客運送事業の分野と燃料の供給分野のいずれにおいても、当事会社と同等の市場シェアを持ち、供給余力のある複数の競争事業者が存在するような場合、想定例のような企業結合が行われても問題とはならないとの考え方が示されている。また、記載されている状況に加え、将来的に市場が拡大することや新規参入が予想される等の事情もあれば、より一層問題とならないと判断されるものと考えられる。

●独占禁止法上問題となる企業結合の想定例

想定例81　市場の閉鎖性・排他性の問題をもたらす垂直型企業結合

　機器Aの製造販売業者各社は、需要者の考え方の変化により温室効果ガスの排出量を削減した商品の売上げが飛躍的に伸びている状況を踏まえ、機器Aの製造過程において排出される温室効果ガスの削減に取り組んでいる。現在、機器Aの製造過程において排出される温室効果ガスを削減するためには、特殊な方法により製造された部品Bを主要部品として用いることが最も効果的であるとされているが、当該部品Bの製造販売業者は日本にはYしか存在せず、海外から輸入することは輸送費用の関係から難しい状況にある。Xは、自らが機器Aを製造するに当たって効率的に部品Bを調達することを目的としてYの全株式を取得することとした。

　部品Bと同様に機器Aの製造過程において温室効果ガスの大きな削減効果を有する部品は存在せず、機器Aの製造事業者は、購入者から部品Bを採用することを求められている。仮にYがXの競争者に対して部品Bの供給を拒否した場合、Xの競争者は機器Aの市場から排除され、また、X及びYは部品Bの販売減少分以上に機器Aの販売を拡大し利益を得られる見込みがある

状況にある。

[解説]

　本件企業結合により、Ｙが親会社となるＸの競争者に対して部品Ｂの供給を拒否し、Ｘの競争者が部品Ｂの供給を受けられなくなることにより、部品Ｂの採用を求める機器Ａの購入者との取引機会が失われ、Ｘの競争者が機器Ａの製造販売市場から排除されることが考えられる。また、Ｘ及びＹにはこうした市場の閉鎖性・排他性を生じさせる能力とインセンティブがあると認められる。そのため、本件企業結合により競争を実質的に制限することとなる。

解説

　垂直型企業結合が問題となる場合の典型的な例の一つである投入物閉鎖の想定例が 想定例81 として記載されている。ここでは商品Ｂが機器Ａの製造に必要な投入物であるとされており、Ｘの競争者は商品Ｂを入手できないと市場から排除されることから問題が生じると考えられる。問題が生じない場合としては、部品Ｂの代替となる部品がある場合（市場の閉鎖性・排他性を生じさせる能力がない場合）や、Ｘの競争者が市場から排除された場合、Ｙの利益が減少することが見込まれる場合（市場の閉鎖性・排他性を生じさせるインセンティブがない場合）が考えられる。

　　㈡　混合型企業結合による競争の実質的制限

　　㈡　混合型企業結合による競争の実質的制限

　　会社が、温室効果ガスの削減に向けて効果的に取り組むことを目的として、自社に不足している研究開発能力や自社の事業を補完する事業等を取得するため、異業種に属する会社間の合併等の混合型企業結合を行うことがある。グリーン社会の実現に当たっては、既存の事業にとらわれない形で新たな事業が生み出されることが想定されるところ、事業者が迅速かつ効果的な取組を推し進めるためには、必要とする経営資源を有する特定の事業者との混合型企業結合が有効な手段となり得る。

　　混合型企業結合は、一定の取引分野における競争単位の数を減少させないので、水平型企業結合に比べて競争に与える影響は大きくない。また、混合型企業結合を行うことにより、これまで当事会社が提供し得なかった複合的な商品を提供することができるようになり、新たな市場の創出等、消費者利益をもたらす可能性がある。そのため、市場の閉鎖性・排他性、潜在的競争

の消滅、協調的行動等による競争の実質的制限の問題が生じない限り、通常、一定の取引分野における競争を実質的に制限することとなるとは考えられない。

　混合型企業結合が一定の取引分野における競争を実質的に制限することとなるのは、当事会社グループの単独行動による場合と、当事会社グループとその競争者が協調的行動を採ることによる場合があり、当事会社グループが、単独行動又は競争者と協調的行動を採ることにより、商品の価格等をある程度自由に左右することができる状態が容易に現出し得る場合、混合型企業結合が、一定の取引分野における競争を実質的に制限することとなる。

(i)　単独行動による競争の実質的制限についての判断要素

　　混合型企業結合が単独行動により一定の取引分野における競争を実質的に制限することとなるか否かについては、組合せ供給や秘密情報の入手により市場の閉鎖性・排他性の問題が生じるか、また、有力な潜在的競争者との企業結合により競争に影響を与えるかを検討した上で、前記２(2)ウ(ア)(i)①から⑧までにおいて示した競争圧力等の考慮要素も踏まえて判断する。

(ii)　協調的行動による競争の実質的制限についての判断要素

　　混合型企業結合が協調的行動により一定の取引分野における競争を実質的に制限することとなるか否かについては、当事会社グループが競争者の秘密情報を入手する場合や、混合型市場閉鎖によって競争単位の数が減少する場合に、混合型企業結合後に当事会社グループと競争者が協調的な行動を採りやすくなるか否かを検討した上で、前記２(2)ウ(ア)(ii)①から③まで並びに前記２(2)ウ(ア)(i)⑦及び⑧において示した競争圧力等の考慮要素を踏まえて判断される。

[解説]

　混合型企業結合について、どのような観点から審査が行われ、判断がなされるのかが説明されている。本(ウ)の記載は企業結合ガイドライン第６の記載に基づいた内容となっている。混合型企業結合は、垂直型企業結合と同様、一定の取引分野における競争単位の数を減少させないので問題とならない場合も多いが、組合せ供給や秘密情報の入手により市場の閉鎖性・排他性の問題が生じるときや、有力な潜在的競争者との企業結合により競争に影響を与

えるときなどには、問題となることがある。

　「組合せ供給」とは、混合型企業結合後、当事会社それぞれの商品を技術的に組み合わせるなどして市場に供給すること、又は当事会社それぞれの商品を契約上組み合わせて市場に供給したり、当事会社の商品をそれぞれ単独で供給したりする場合の価格の合計額よりも一括して供給する場合の価格を低い水準に設定して供給することをいう（企業結合ガイドライン第6の2参照）。市場の閉鎖性・排他性の問題をもたらす組合せ供給のことを「混合型市場閉鎖」という。

　また、「秘密情報の入手」とは、当事会社グループがそれぞれ供給する商品について、技術的要因により相互接続性を確保するために、商品の供給者が競争上の重要な秘密情報を交換する必要がある状況等において、混合型企業結合後、一方当事会社が、他方当事会社を通じて、自社の競争者の競争上の重要な秘密情報を入手することをいう（企業結合ガイドライン第6の2(1)イ）。当事会社グループがこうした秘密情報を自己に有利に用いることにより、一方当事会社の競争者の競争力が減退し、これら競争者からの牽制力が弱くなるような場合には、一方当事会社の市場において市場の閉鎖性・排他性の問題が生じる場合がある。

　さらに、有力な潜在的競争者との企業結合により競争に影響を与えるかを検討する際には、混合型企業結合の一方当事会社が具体的な参入計画を有していないとしても、仮に他方当事会社の商品市場や地域市場への参入障壁が低いことなどにより、一方当事会社が当該市場に参入することが可能であり、実際に参入した場合に他方当事会社の有力な競争者になることが見込まれる場合には、そうでない場合と比較して、当該企業結合が一方当事会社の新規参入の可能性を消滅させることによって競争に及ぼす影響が大きいと考えられる（企業結合ガイドライン第6の2(2)参照）。

　以上のほか、混合型市場閉鎖によって秘密情報を入手する場合や競争単位の数が減少する場合に、混合型企業結合後に当事会社グループと競争者が協調的な行動を採りやすくなるか否かが検討される。

●独占禁止法上問題とならない企業結合の想定例

想定例82 自社の研究開発能力を強化するための混合型企業結合

　商品Aの製造販売業者Xは、商品Aの製造過程において排出される温室効果ガスを削減するため、研究開発を行ってきたが、技術的な課題を解決することができなかった。しかし、自社と何ら競争関係や取引関係にない会社Yが、当該課題を解決する新技術Bの開発に成功した。Xは、自社の研究開発部門を強化するため、Yの全株式を取得することとした。商品Aと技術Bはそれぞれに異なる需要者が存在し、それぞれ単独で供給されることが多い。また、会社Xと会社Yの間で競争者の競争上の重要な秘密情報の共有の問題も生じない状況にある。

[解説]

　本件ではXは自らと何ら競争関係や取引関係にないYを買収しており、混合型企業結合に該当する。本件の事実関係において、組合せ供給による問題や秘密情報の共有の問題が生じない状況にあるため、本件企業結合により競争を実質的に制限することとはならない。

想定例83 自社が提供していない事業を取得するための混合型企業結合

　企業の事業活動全般に関するコンサルティング業務の提供事業者Xは、気候変動問題への対応に関する顧客のニーズが大きいことを踏まえ、顧客が求める商品の製造過程において排出される温室効果ガスの削減方法を提案している。今般、更なる顧客ニーズに応えるため、温室効果ガス排出量を算定し可視化するサービスも提供することとした。しかし、Xは温室効果ガス排出量の算定手法業務に関するノウハウや必要となるシステムを有していないため、温室効果ガス排出量の可視化サービスの提供をかねてから行ってきた会社Yの株式の過半を取得することとした。現在、X及びYは競争関係や取引関係を有していないものの、Xのコンサルティング業務と当該サービスとの補完性の程度は高いと考えられる。ただし、XとYの間で競争者の競争上の重要な秘密情報の共有の問題も生じない状況にある。また、Xと同等の市場シェアを有する競争者が複数存在し、Yと同等の市場シェアを有する競争者も複数存在する。

[解説]

　本件ではXは自らと何ら競争関係や取引関係にないYを買収しており、混合型企業結合に該当する。また、本件の事実関係において、秘密情報の共有の問題は生じないものの、コンサルティング業務と温室効果ガス排出量可視化サービスの補完性が高く、組合せ供給による問題が生じ得る状況にある。しかしながら、X及びYともに市場における地位がさほど高い状況になく、組合

せ供給により一方の市場における地位が高まることは考えにくく、X又はY
の競争者の競争力が減退し、競争者からの牽制力が弱まる可能性は低いと考え
られるため、本件企業結合により競争を実質的に制限することとはならない。

解説

　混合型企業結合については、垂直型企業結合と同様、一定の取引分野にお
ける競争単位の数を減少させないので、独占禁止法上問題なく実施できる場
合が多いと考えられるが、そのような想定例が二つ記載されている。まず、
想定例82 のように、当事会社の提供する商品や役務について、補完性が低
く、異なる需要者に対して単独で供給されているような状況にあるため、組
合せ供給による問題や秘密情報の共有の問題が生じない状況が認められる場
合は多いと考えられる。また、想定例83 のように、当事会社の提供する商
品や役務について、補完性が高く、組合せ供給による問題が生じ得る状況が
認められたとしても、競争者からの牽制力が認められるような場合において
は、問題とはならないと考えられる。

●独占禁止法上問題となる企業結合の想定例

想定例84　潜在的競争を消滅させる混合型企業結合

　燃料Aの製造販売業者Xは、燃料Aの製造販売市場において市場シェア
70％を有している。燃料Aに関しては、使用に当たって排出される温室効果
ガスが多量であるところ、排出量を大きく削減した燃料Bの研究開発がXを
始めとした様々な会社により行われている。これまで、燃料Bは実用化に
至っておらず、燃料Aの代替的な商品であるとはいえない状況であったが、
最近、会社Yの開発した新たな技術を使えば、数年以内に燃料Bの実用化が
可能であり、燃料Bが燃料Aに競合するものとなることが判明した。Xは、Y
の技術を利用した会社が自社の有力な競争者となることが見込まれることか
ら、当該会社の新規参入の可能性を消滅させるため、Yの全株式を取得するこ
ととした。
　燃料Bの実用化を可能とする技術について、Y以外の会社は有しておらず、
新規参入等の競争圧力は期待できない状況にある。

［解説］
　本件ではXは自らと何ら競争関係や取引関係にないYを買収しており、混

合型企業結合に該当する。燃料Bの実用化が実現していない中で、Yの新たな技術を利用した会社は燃料Aを製造販売するXの有力な競争者となることが見込まれ、Xが燃料Aの製造販売市場において市場シェア70％を有している市場の状況を前提とすれば、燃料Bとの潜在的競争を消滅させることによって競争に及ぼす影響は大きく、本件企業結合により競争を実質的に制限することとなる。

解説

　混合型企業結合について、独占禁止法上問題となる事例として、潜在的競争が消滅する場合についての想定例として、**想定例84** が記載されている。仮にこの想定例のような買収が行われ、新たな技術の開発や市場への新規参入が抑制された場合、関連市場には大きな制限効果が生じることが予想される。また、こうした買収が広がることは、グリーン社会の実現に向けてもマイナスの効果を持つことも考えられる。

(3)　問題解消措置

> (3)　問題解消措置
> 　　企業結合が一定の取引分野における競争を実質的に制限することとなる場合でも、当事会社が一定の適切な措置（問題解消措置）を講ずることにより、その問題を解消することができる場合がある。問題解消措置としてどのような措置が適切かは、個々の企業結合に応じて、個別具体的に検討される。問題解消措置は、企業結合によって失われる競争を回復することができるものであることが基本であり、事業譲渡等の構造的な措置が原則であるが、技術革新等により市場構造の変動が激しい市場では、一定の行動に関する措置を採ることが妥当な場合もある。

解説

　独占禁止法上問題となると判断された企業結合についても、問題解消措置を講ずることで実施可能な場合がある。詳細については企業結合ガイドラインの第7において解説がなされている。具体的な問題解消措置の例としては、当事会社グループの事業部門の全部又は一部の譲渡、当事会社グループ

と結合関係にある会社の結合関係の解消（議決権保有の取止め又は議決権保有比率の引下げ、役員兼任の取止め等）、第三者との業務提携の解消などの措置が考えられる（企業結合ガイドライン第7の2(1)）。こうした措置を、構造的措置といい、その後の定期的な報告や監視が不要であることから、一般的に望ましい措置と考えられている。他方、需要が減少傾向にあるなどのために、当事会社グループの事業部門の全部又は一部の譲受先が容易に出現する状況にないなどの理由から、事業譲渡等を問題解消措置として講じることができないと認められる場合には、例外的に輸入・参入を促進すること等によって問題を解消することができると判断される場合がある。例えば、輸入に必要な貯蔵設備や物流サービス部門等を当事会社グループが有している場合、それらを輸入業者等が利用することができるようにし、輸入を促進することにより、問題を解消することができると判断される場合がある。また、当事会社グループの行動に関する措置（行動的措置）により、問題を解消できると判断される場合がある。例えば、当事会社が有している特許権等について、競争者や新規参入者の求めに応じて適正な条件で実施許諾等をすることにより、問題を解消することができると判断される場合があるほか、商品の生産は共同出資会社において行うが、販売は出資会社がそれぞれ行うこととしている企業結合の場合、出資会社相互間及び出資会社と共同出資会社間において当該商品の販売に関する情報の交換を遮断すること、共同資材調達の禁止など独立性を確保する措置を講じることにより、問題を解消することができると判断される場合もある。さらに、事業を行うために不可欠な設備の利用等について、結合関係にない事業者を差別的に取り扱うことを禁止することにより、問題が生じることを防止することができると判断される場合がある（企業結合ガイドライン第7の2(2)）。

第5 公正取引委員会への相談について

第5 公正取引委員会への
相談について

1 相談制度の概要

> 第5 公正取引委員会への相談について
>
> 　事業者等は、グリーン社会の実現に向けた取組を実施するに際して、独占禁止法上問題となるか否かについて、本考え方を参考にして自ら判断を行うほか、自らが実施しようとする具体的な行為に関して、公正取引委員会に相談することができる。当委員会としては、グリーン社会の実現に向けた事業者等の取組を後押ししていくためにも、本考え方の内容に照らしつつ、事業者等との意思疎通を重ねながら積極的に相談への対応を行っていく。
>
> 　1　相談制度の概要
>
> 　公正取引委員会への相談については後記(1)及び(2)の二つの方法があり、事業者はいずれかを選択することが可能であるが、後記(1)の「事業者等の活動に係る事前相談制度」(以下「事前相談制度」という。)による相談の申出については、相談の対象となる行為を行おうとする事業者又は事業者団体からの申出であること、また、将来自ら行おうとする行為に係る個別具体的な事実を示すことに加えて、申出者名並びに相談及び回答内容が公表されることに同意していることが必要となる。
>
> 　なお、企業結合については、独占禁止法の規定に基づく当委員会に対する届出を予定する会社(以下「届出予定会社」という。)は、当該届出を行う前に、当委員会に対し、企業結合計画に関する相談(以下「届出前相談」という。)を行うことができる。届出前相談において、届出予定会社は、届出書の記載方法等に関して相談することができる。
>
> (1)　事前相談制度による相談
>
> 　公正取引委員会は、法運用の透明性を高め、相談制度の一層の充実を図るため、事業者等が行おうとする具体的な行為が、独占禁止法の規定

に照らして問題が無いかどうかの相談に応じ、書面により回答する「事前相談制度」を設けている。事前相談制度を利用した相談については、原則として、事前相談申出書を受領してから 30 日以内に書面により回答を行う。ただし、事前相談申出書を受領後、回答を行うために必要と判断される資料等の追加的提出を求めた場合には、全ての資料等を受領してから 30 日以内に回答を行う。

　独占禁止法の規定に抵触するものでない旨の回答をした場合においては、当該相談の対象とされた行為について、独占禁止法の規定に抵触することを理由として法的措置を採ることはないものとする。ただし、事前相談申出書や提出を受けた資料等に事実と異なる記載があった場合、申出に係る行為の内容と異なる行為又は回答に付された期限を超え若しくは条件に反する行為が行われた場合は、この限りでない。また、申出者名並びに相談及び回答の内容は、原則として回答を行ってから 30 日以内に公表するものとする。

(2) 「事前相談制度」によらない相談

　公正取引委員会では、相談者の負担軽減及び相談者の秘密保持に配慮し、事前相談制度によらない相談（以下「一般相談」という。）も受け付けている。一般相談は、電話・来庁等で相談内容の説明を受け、原則として口頭で回答するもので、迅速に対応するとともに、相談内容等については非公表としている。

解説

　公正取引委員会は、グリーン社会の実現に向けた事業者等の取組を後押しするため、グリーンガイドラインの内容に照らしつつ、事業者等との意思疎通を重ねながら積極的に相談への対応を行っていくこととしている。第5では、事業者等が利用することが可能な方法の概要及び相談を迅速・円滑に進めるために望まれる準備のほか、相談についての連絡窓口の案内が示されている。公正取引委員会のガイドラインで相談についての説明が記載されているものは少ない中、グリーンガイドラインに詳細な説明が記載されているのは、個別の事例に対する相談対応が重要であり、公正取引委員会として積極的に相談対応を行っていく意向を持っていることの表れである。

　相談については、「事前相談制度による相談」及び「「事前相談制度」によ

らない相談」（一般相談）の二つの方法があり、これらの相談制度の詳細については、公正取引委員会ウェブサイト内の「事業活動についての事前相談（事前相談制度・一般相談・相談事例集）」に関する案内のウェブページ[15]も参考となる。事前相談制度を利用する際は事前相談申出書の提出が必要となるが、その様式についても同ページに掲載されている。

　公正取引委員会への相談から回答までの期間について、事前相談制度による相談については、原則として、事前相談申出書を受領した日又は全ての必要な資料等を受領した日から（追加的な資料提供を求めた場合には、最後の資料を受領してから）30日以内とされている。一般相談については、こうした期間は定められておらず、迅速に対応する旨が記載されている。実態としては、電話等で即座に回答がなされる場合もあり、相談の内容に応じて回答までの期間は様々である。

　事前相談制度による相談については、申出者名並びに相談及び回答の内容が公表される。公表のタイミングは、原則として回答を行ってから30日以内とされている。一方、一般相談については、相談内容等は非公表としている。ただし、公正取引委員会は、事業者等の独占禁止法に関する理解を一層深めることを目的として、相談者以外にも参考になると考えられる主要な相談の概要を取りまとめ、「独占禁止法に関する相談事例集」として毎年度公表しており、一般相談の事例を含め、独占禁止法に関する相談（企業結合に関するものを除く。）であって、他の事業者等にとって今後の事業活動の参考になると考えられる事案を掲載している。この際、一般相談の事例は、通常、匿名で掲載されている。

　なお、周南コンビナートにおける共同の取組（ column 「周南コンビナートにおける共同の取組に係る相談事例」参照）についての相談は、一般相談として行われたものであるが個別に顕名での公表が行われている。公正取引委員会は、他の事業者等の参考になると考えられる相談事例については、事業者等と調整の上、個別に顕名での公表を行う場合がある[16]。また、周南コンビナートにおける共同の取組については、令和5年8月末に一般相談とし

---

15)　公正取引委員会「事業活動についての事前相談（事前相談制度・一般相談・相談事例集）」（https://www.jftc.go.jp/soudan/jizen/index.html）。

て正式に受け付けがなされ、同年12月末に問題がない旨の回答がなされて
おり、相談の期間は約4か月となっている。

2　相談を迅速・円滑に進めるために望まれる事業者等における準備

> 2　相談を迅速・円滑に進めるために望まれる事業者等における準備
> 　　公正取引委員会への相談の手続を迅速・円滑に進めるためには、事業者等
> において、以下の事項について説明を準備することが望まれる。
> 　　なお、「事前相談制度」による相談の申出を行おうとする場合は、当該相
> 談の対象となる行為に応じて定めた様式のうち、事案に応じて該当様式によ
> り事前相談申出書を提出することを求めている。
>
> ①　行為の実施主体に関する事項
> 　　・　氏名又は名称、住所、資本金額、年間売上高及び従業員数
> 　　・　現に営む事業の概要
> ②　公表に関する事項
> 　　・　公表の可否
> 　　・　公表可能時期（延期を希望する場合）及び理由
> ③　実施しようとする行為に関する事項
> 　　・　行為の目的
> 　　・　行為の内容
> 　　・　対象製品又は役務の機能・効用及び用途・特性
> 　　・　前記製品又は役務に関する主要な事業者の市場シェア（過去3年
> 　　　　間）、順位、その他市場の状況及び流通経路
> 　　・　行為の必要性
> 　　・　その他参考となる事項（行為がグリーン社会の実現に与える影響等）
> 　　・　共同研究開発に関する相談の場合は、共同研究開発に関連する製品又
> 　　　　は役務、共同研究開発の対象範囲・期間及び成果に関する第三者からの
> 　　　　アクセスの制限の有無

16)　周南コンビナートにおける共同の取組のほか、グリーンガイドラインに関する相
　　談事例ではないが、令和4年12月9日の日本アルミニウム協会からの一般相談事
　　例や平成22年12月2日のヤフー株式会社及びグーグル・インクからの一般相談事
　　例については顕名で公表が行われている。なお、そのほかの相談事例については、
　　平成13年10月に現在の事前相談制度になって以降、特定の一般相談を顕名で公表
　　した事例はない。

> - リサイクル・システムの共同構築に関する相談の場合は、リサイクルに係る製品の販売価格に対するリサイクルに要するコストの割合やリサイクル市場の状況
> ④ 行為と独占禁止法の規定との関係についての自己の見解

解説

　相談を迅速・円滑に進めるために事業者等において準備をしておくことが望まれる情報等が示されている。これらの情報等を事前に整理した上で公正取引委員会への相談を行うことで、相談の回答を得るまでに要する期間を短縮することが可能であると考えられる。

　なお、「行為がグリーン社会の実現に与える影響等」については、グリーンガイドライン「はじめに」の4に記載のとおり、事業者等が、公正取引委員会に対して自らの取組について事前相談等を行うに際して、当該取組がグリーン社会の実現に向けたものであることの根拠や当該取組の競争促進効果としての脱炭素の効果、規制及び制度の変化等について主張する場合や、事業者等からの説明に加えて、関係省庁からの情報提供がなされた場合には、公正取引委員会は、これらを踏まえた判断を行う。特に、脱炭素の効果については、関係省庁からの情報提供がなされた場合、公正取引委員会は、これに依拠して判断を行う。

3　相談窓口

3　相談窓口		
相談内容	本局 03-3581-5471（代表）	地方事務所等
［第1〜第3関係］ 事業者・事業者団体が自ら行おうとする商品又は役務の取引、知的財産の利用、自主基準・自主規制、共同事業等に係る個別具体的な事業活動につ	［第1及び第2関係］ 相談指導室 ＜グリーン事前相談窓口＞ 　03-3581-5582 ［第3関係］ 企業取引課	［第1及び第2関係］ 経済取引指導官、総務課又は総務係 ［第3関係］ 取引課又は総務係

いての相談		
［第4関係］ 株式取得、合併等の企業 結合についての届出・相 談	企業結合課	経済取引指導官、総務課 又は経済係

※<u>本指針の記述について（個別の具体的な将来の行為について以外）の問い合わせ先：調整課</u>

解説

　公正取引委員会において、相談を受け付ける窓口が記載されている。相談の内容がグリーンガイドラインの第1から第4のどの項目に関するものであるかにより、窓口が異なる点に留意が必要である。また、個別の具体的な将来の行為についてではなく、グリーンガイドラインの内容に関する問い合わせは、グリーンガイドラインの策定及び令和6年改定を担当した調整課が窓口となる。

　相談指導室には、グリーンガイドラインの策定に伴い、「グリーン事前相談窓口」が設置された。この窓口への相談については、脱炭素等の取組であることを前提とした相談対応がなされることとなり、また、そうした取組に係る相談対応の知見を有する職員が相談に対応することとなる。

●事項索引

独占禁止法 グリーンガイドライン

2024年6月25日　初版第1刷発行

編 著 者	鈴 木 健 太
著 　 者	五十嵐 　 收
	磯 野 美 奈
発 行 者	石 川 雅 規

発 行 所　株式会社 商 事 法 務

〒103-0027 東京都中央区日本橋 3-6-2
TEL 03-6262-6756・FAX 03-6262-6804〔営業〕
TEL 03-6262-6769〔編集〕
https://www.shojihomu.co.jp/

落丁・乱丁本はお取り替えいたします。　　　　印刷／広研印刷㈱
© 2024 Kenta Suzuki　　　　　　　　　　　Printed in Japan
Shojihomu Co., Ltd.
ISBN978-4-7857-2946-2
＊定価はカバーに表示してあります。